東大教授の父が教えてくれた頭がよくなる勉強法

永野裕之

PHP文庫

○本表紙図柄＝ロゼッタ・ストーン（大英博物館蔵）
○本表紙デザイン＋紋章＝上田晃郷

文庫版に寄せて

2014年1月。朝焼けが嘘みたいに綺麗《きれい》な冬晴れの朝、最愛の父が他界しました。

父に胃癌《がん》が見つかったのは2009年のことです。それからは入退院を繰り返し、やがて肺や肝臓への転移も見つかりました。父が亡くなる前日、私は父を見舞いました。いよいよ死期が迫っていることを感じていた私はその日が最後の会話になるかもしれないと覚悟をしていましたし、おそらく父も同じ気持ちだったと思います。

何を話そうかと逡巡《しゅんじゅん》しながら病室のドアを開けた私の目に入ってきたのはしかし、初めて見る、酸素マスクを付けられた父の姿でした。既に意識はほとんどなく、まともな会話ができるような状況ではありません。

少なからず狼狽《ろうばい》している私のもとに、程《ほど》なくして担当のお医者様がいらっしゃいました。

「本日中かあるいは両日中には危険な状態です。ご家族を呼んでください」

父、危篤《きとく》……覚悟はしていたはずなのに、非情な現実が私の頭と心をかき乱しました。

夕方以降、血圧と心拍が、まるでグライダーが着陸するかのように少しずつ下がりはじめます。そして翌日の朝午前7時15分、大きく2回「ふうっ」と息を吐いてから、静かに父は逝《い》きました。

享年73歳でした。

父は、ピアニストで音楽教師だった祖父の家に六人兄弟の三男坊として生まれました。父の経歴はざっと次の通りです。

大阪府立豊中高校から東京大学理科一類に入学。同大学工学部航空学科を卒業後、43歳で同大学教養学部の教授に就任。退官後は埼玉工業大学学長。主な研究テーマは認知科学的視点からの知識情報処理（推論、学習、知識獲得など）。東京大学名誉教授。工学博士。瑞寶《ずいほう》中綬章。

物心がついた時から父はずっと私の憧《あこが》れであり目標でした。私の行動原理の根っこにはいつも「父に褒《ほ》められたい」という願いがあったように思います。それだけに数年前に自分の年齢が父の半分に達してしまった時は、あまりにも自分がまだ何も成し遂げられていないことに愕然《がくぜん》としたものです。

私は今、一数学教師として数学を学ぶ意義と意味、そして楽しさを一人でも多くの方にお伝えすることをライフワークとしていますが、その方法論のほとんどは父から受け継いだものです。父が教えてくれた勉強法は、研究者としてあるいは教育者として父が長年積みあげてきた経験と信念に裏打ちされたものでした。それだけに説得力があり、また実際に効果のあがるものばかりです。

これらの勉強法を次世代にお伝えするのは息子として、というより教育者の端《はし》くれとしての責務ではないかと思い、父を亡くしてすぐ、私は本書の筆を執りました。あれから4年が経った今、文庫本という形で改めて世に出させていただけることを大変有り難く思っています。

父は基本的に寡黙《かもく》な人で、子どもに「〜しなさい」と命令するようなことはない人でした。いつも書斎で穏やかに読書や書きものをしていた姿が目に焼き付いています。日曜日になると、そんな父に一週間分の質問をするのが楽しみでした。私が書斎を訪ねると、どんな時でも手を止めて必ず真剣に一緒になって考えてくれたものです。そうして父が導き出してくれる「答え」や「ヒント」は勉強に伴う漠然とした不安を払拭《ふっしょく》する精神的な心構えであったり、テストの点数を上げるための即効性のあるテクニックだったりしました。

我ながらなんと恵《めぐ》まれた環境にいたのだろうと思います。

本書は、学生さんのみならず、勉強しようという意欲のある人、あるいは勉強しなければいけない環境にある人なら、どなたにも役立ててもらえると自負しています。あなたが今、何歳であったとしても勉強のコツが分かった途端に、いかなることにも挑戦できるようになりますし、その多くを成し遂げることができるでしょう。

「勉強なんてしたくないなあ」

「こんなに勉強しているのに、なんでできるようにならないんだろう?」

「他人に負けないようにするにはどうしたらいいんだろう?」

などの悩みを抱える読者の皆様にとって本書が、私にとっての父のような存在になりますように……。


お父さんへ。

僕はこの本を、あの日、最後に言いたかった言葉を胸に書きました。

「たくさんのことを教えてくれて、ありがとう」

平成最後の冬に…… 永野裕之

はじめに

私の父は東大教授でした。43歳で同大学教養学部の教授に就任。主な研究テーマは認知科学的視点からの知識情報処理（推論、学習、知識獲得など）です。

これを読むと私のことを、

「東大教授の息子なんだからもともと頭が良かったんでしょ」

と思われるかもしれません。もともと頭のいい人が書いた勉強法の本なんて参考にならない、という方もいるでしょう。

しかし、**高校までの私は決して「頭のいい人」ではありませんでした。**東大に入りたい、という分不相応な志だけは抱いていたものの、模試では常にE判定（＝志望校の再考が望ましい）。つまり、東大志望なんて言うとへそで茶が沸いてしまうような成績だったのです。

しかし、結果的に私は東大の理科一類に合格し、地球惑星物理学科に進学、大学院でも希望する宇宙科学研究所（現ＪＡＸＡ）に所属することができました。また思うところあって大学院を中退した後はプロの指揮者を目指し、日本を代表する指揮者でいらっしゃる佐渡裕さんや演出家の宮本亜門さんに認められ、野村国際文化財団の奨学金でウィーン国立音大に留学もさせてもらいました。大学院在学中はレストラン経営にも参画。その関係で日本ソムリエ協会公認ワインエキスパートの資格も取りました。

こうした私の経歴を知る人はたいてい「天才！」「天は二物も三物も与えた！」と言ってくれます（自分で書くのはこそばゆいですね……）。

高校までのパッとしない自分とは雲泥の差です。人生が変わったと言っても過言ではありません。

いったい私に何が起きたのでしょうか？

志は持ちつつも、具体的には何をどう頑張ったらよいか分からず、成績はずっと低空飛行を続けていた私が、「このままではマズイ」と真剣に考え始めたのは高校2年の冬頃でした。やっと勉強に本腰が入ったわけです。とは言え、ライバル達にはすでに大きく水をあけられていましたから通り一遍のことをやっていたのではラチがあきません。東大合格という高いハードルをクリアするには、**ライバルたちをゴボウ抜き**

にするとっておきの勉強法が必要でした。

そんな私にとって大きなアドバンテージだったのはやはり父の存在です。

父は基本的に寡黙で、子どもに「〜しなさい」と命令するようなことはない人でしたが、私が相談や質問をすると必ず何かしらの「答え」や「ヒント」をくれました。

そうした**父との対話を通じて、正しい勉強法を身につけたこと、それが平凡な高校生が夢をかなえられる大人になれた理由です。**

本書は「頭がよくなる勉強法」と銘打っています。……と言っても本書を読んでもIQが高くなるようなことはありません。

私が言うところの「頭の良さ」とは「自分の頭で考えられる力」のことです。

自分の頭で考えられるようになれば、数学や物理や現代文といった思考力を試す教科で優位に立てるのはもちろん、暗記系科目についても筋道を考察することで暗記量をぐっと圧縮することができます。

それだけではありません。

誰かの真似をするのではなく、自分の頭で考えることができれば、未知なるものに挑戦することもきっと怖くなくなるでしょう。先例のない難題に当たったとしても、

「そのときに考えればいいや」と思えることは挑戦をしようとする人のフットワークを軽くしてくれるものです。**「夢」とはその軽やかさの先にあるものだと私は思います。**

繰り返しますが、私はもともと頭がよかったわけではありません。そんな私が人生の可能性を大きく拡げることができたのは、父から教わった勉強法を身につけることで、自分の頭で考えられるようになったからです。そして未知なるものに挑戦する勇気を持てるようになったことで、音楽の世界にもワインの世界にも臆せず真剣にのめり込むことができました。

本書には、なにかの目標に向かって勉強をしようとするすべての人の悩みを解決し、夢をかなえるために必要な勉強のコツがたくさん詰まっています。

それは、**本質にたどり着くための最短の思考法**（PART1）だったり、**目標の立て方**（PART2）だったり、**問題集の使い方**（PART3）だったり**時間術**（PART3）だったりします。また、多く人にとって興味があると思われる**記憶法**（PART4）ついても多くのページを割《さ》きました。

私は現在、永野数学塾という個別指導塾の塾長を務め、中学生～社会人の皆さんに数学や理科を教えていますが、本書の勉強法を伝授することで（ちょうど私のように）、クラスの底辺から学年トップに躍り出るような飛躍的な成績の伸びを見せる生徒が続出しています。

成果が出るのは学生さんだけではありません。**これからご紹介する勉強法は、社会人の方や仕事をリタイヤされたシルバーの方にも大いに有効です。**実際、私のところで学んだ社会人の方は、

「**上司に『最近ものごとの捉え方が成長したな』と褒められました**」

と言ってくれていますし、60歳を超えてから学びにこられたご婦人も、

「**この歳になるまで勉強がこんなに楽しいものとは知りませんでした**」

と嬉しそうに笑ってくれます。また、我が子を「頭のいい子」に育てたい親御さんにとっては、父と私の交流の様子が直接のヒントになるはずです。

テレビ出演をはじめ多くのメディアから取材を受けたり、こうして本を執筆したりする機会を頂戴できるのも、父から教わった勉強法がどなたにもお役に立てるものだからと自負しています。

かつてガンジーはこう言いました。

「明日死ぬつもりで生きなさい。永遠に生きるつもりで学びなさい」

勉強とは、今よりも高みに上ろうとするすべての人が行える、おそらく唯一の現実的かつ直接的な方法です。生きることが成長することと同義なら、勉強とは人生そのものと言っても過言ではないと思います。

正しい勉強法を身につけるのにタイムリミットはありません。それは一生の財産です。あなたが今、何歳であったとしても勉強のコツが分かった途端に人生の可能性はぐんと拡がります。あなたはいかなることにも挑戦できるようになりますし、その多くを成し遂げることができるでしょう。

さあ、勉強を楽しみましょう！　そして人生を楽しみましょう！

目次

東大教授の父が教えてくれた
頭がよくなる勉強法

PART 1

勉強ができるようになるために必要なこと

PART 2

それでは、どのように考えればよいのか？

PART 3 とっておきの〈あらすじ勉強法〉

PART 4 知識を知恵に変える〈最強の記憶法〉

PART 5

英語や数学に強くなるために

図版作成：宇田川由美子

ブックデザイン：小口翔平＋喜來詩織＋谷田優里（tobufune）

PART

1

勉強が
できるようになるために
必要なこと

勉強ができるようになるために必要な3つの要素

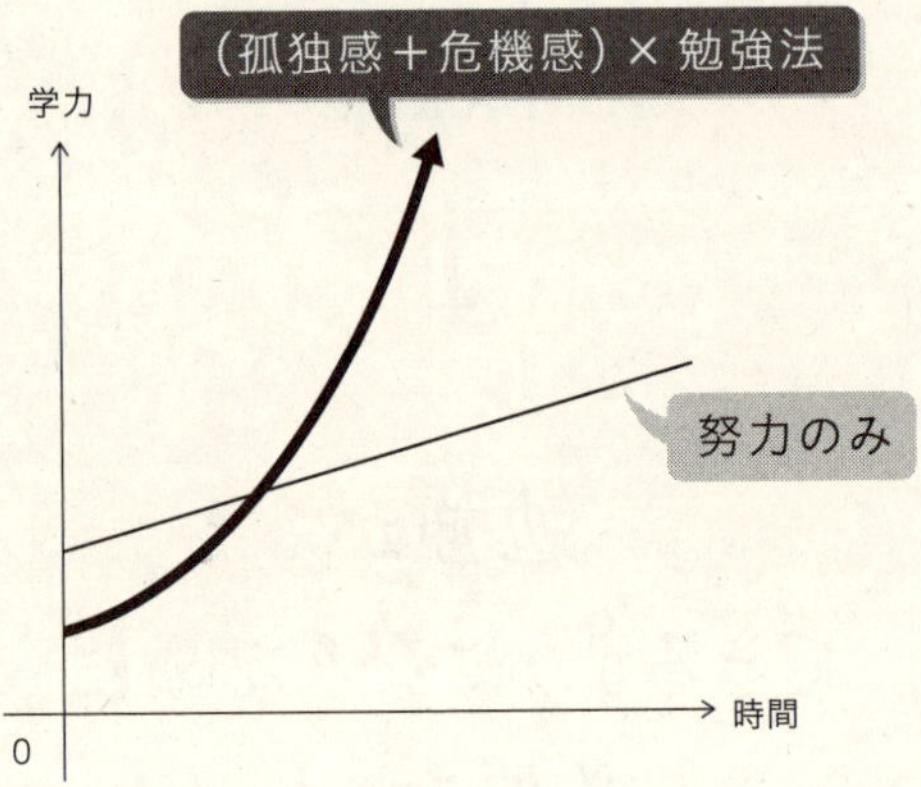

「誰かが助けてくれるだろう」
「なんとかなるだろう」
では学力の伸びは望めない。

飛躍的な成長に
「正しい勉強法」は必要不可欠。

東大生は小さいころ「勉強しろ」とは言われてない？

面白いデータがあります。２０１４年8月号の雑誌「プレジデントファミリー」に掲載されたアンケートの集計結果です。過去10年間、計１０６４人の東大生を取材した結果をまとめたもので、これによると東大生は一般学生よりも「勉強しなさい」と言われた割合が少ないことが分かります。

高校時代、私の友人たちは、

「親が『勉強しろ』ってウルサイんだよね」

「ウチもだよ」

「かえってやる気なくすよなあ」

とよく嘆きあっていました。

ところが東大に入ってから同級生に聞いてみると逆に「勉強しろ」と言われたことのない人の方が多数派でした。アンケートの結果はそれが私のまわりだけではなかったことを示しています。

「それはもともと成績が良かったからでしょ」

小学生時代、あなたは「早く勉強しなさい」と
親に促されたことはありますか？

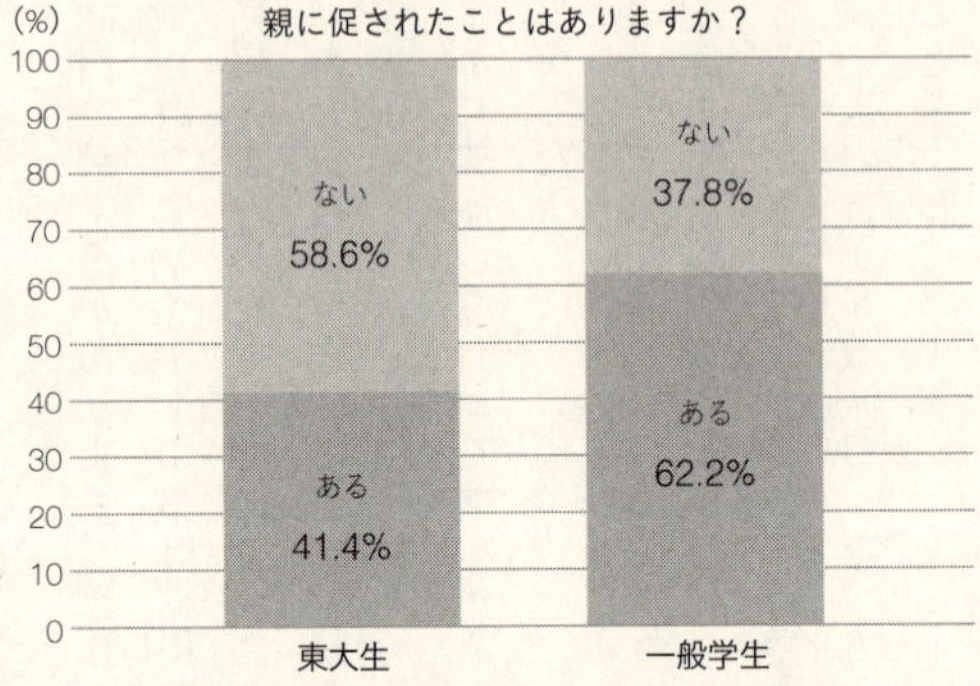

［出典：「プレジデントファミリー」2014年8月号］

という声が聞こえてきそうですね。もっともです。

でも私は、成績が良かったから「勉強しなさい」と言われなかったのではなく、**「勉強しなさい」と言われなかったから成績が伸びた**のだと思います。

「勉強しなさい」というセリフはそれだけ、子どもから勉強ができるようになるために必要なものを奪いかねない危険なセリフなのです。

「落ちこぼれ」の生徒と超優秀な生徒の違い

私は現在、神奈川県にある永野数学塾という個別指導塾で主に中高生と社会人を対象に数学や理科を教えています。この塾を開塾するまでは学生時代からずっと家庭教師をしておりましたので、かれこれ20年以上にわたって計500人以上を個別指導してきました。

一概には言えませんが、個別指導塾や家庭教師に学ぼうとする生徒の多くは、集団授業では成果の上がらない子です。私がこれまで指導してきた生徒も半数以上は学校で（言葉は悪いですが）いわゆる「落ちこぼれ」になってしまった生徒でした。

「先日の三者面談で、このままでは留年しますと言われました……（涙）」と文字通り泣きついてこられるケースも少なくありません。そしてそういう生徒の親御さんは**皮肉なことにほぼ100%の確率で大変に教育熱心です。**

定期試験の試験範囲を本人よりも熟知していたり、子どもが質問して来なくても日常的に親が子どもの勉強をみるという環境があったりします。もちろんそういう家庭では「勉強しなさい」という声がけは毎日行われていることでしょう。

一方、数は多くありませんが永野数学塾には集団授業では飽き足らない非常に優秀な生徒もいます。開成や麻布、渋谷幕張といった名門校に通う彼らに共通していることは自分で検索して永野数学塾を見つけ、面談にも一人で来て、とにかくなんでも自分で決断して（もちろん保護者の承諾が取れているかどうかは後日書面で確認しますが）通塾してくるということです。きっと彼らには、

「自分でやらなければだれも助けてくれない」

という使命感にも似た**孤独感**があるのでしょう。しかも彼らは一様に、

「このままではマズイぞ」

という非常に強い**危機感**も持っています。私が彼らと同じくらいの歳だったときと比べれば、今の彼らの方が遥かに優秀なのにも関わらず、です。

先日もこんなことがありました。

その日、首都圏は記録的な大雪に見舞われていたので私はある生徒のご家庭に、

「今日は外に出るのは危険ですから休講にしたいと思います」

と連絡しました。すると生徒の母親は困ったように、

「本人が『絶対に教室に行きたい』と希望しており、だいぶ前に出発しました……」

とのこと。

その後予定より10分遅れて教室に入ってきた件《くだん》の生徒は、

「ここは雪山のロッジですか？」

と思うほどの重装備、というかスキーウェアに身を包んでいました。安全第一にして欲しいとは思いましたが、そこまでの覚悟を持って学ぼうとしてくれる生徒にはこちらも自然と力が入ります。

さてこのような子どもに親は「勉強しなさい」と声をかけるでしょうか？　かけませんよね。むしろ「今日は危ないから塾は休んだら？」と熱心すぎる子どもをたしなめるでしょう。そしてこういう生徒は間違いなく伸びます。

本当に勉強ができるようになるためには本人が孤独感と危機感を持つことが必要不可欠です。しかし親から「勉強しなさい」と声をかけられ続けていると、子どもは親が心配してくれていることに安心し「いつか助けてくれるだろう」と高を括ってしまいます。こういう環境にあっては孤独感も危機感も持てるわけがありません。

私自身は、**高校2年生の冬頃まで模試ではE判定（志望校の再考が望ましい、という意味）を取り続けていた**にもかかわらず、両親から「勉強しなさい」と言われたことは一度もありません。それは父が、**「勉強というのは人に言われてやっても身につかない」**を持論にしていたからです（母は、根拠なく「この子はなんとかなるだろう」と思っていたそうです……笑）。

あまりにも何も言われないので、脳内のほとんどをピアノが占めていた（高校2年の春くらいまでは音大に進学することを真剣に考えていました）私も、あるとき、

「さすがにこれはマズイな」

と思いました。将来のことをふと考えたときに強烈に不安になったのをよく憶えています。そしてそれが、

「なんとかしなくては！」

というモチベーションに繋がったのは言うまでもありません。

勉強ができるようになるために最も必要なもの

昔から**「獅子は我が子を千尋《せんじん》の谷に突き落とす」**と言いますが、「千尋の谷」とはまさに孤独感と危機感を植え付けるために誰にも必要な環境なのだろうと私は思いま

す。「勉強は人に言われてやっても身につかないものだ」と言っていた父の真意もここにあったのでしょう。

さてあなたはどうでしょうか？

この本を手にとってくれたということは、きっと何かしらの勉強をしなくてはいけない状況にあるのだと思います。

それは資格試験ですか？

昇進試験ですか？

それとも大学受験ですか？

いずれにしても、

「今までと同じようにやっていてはだめだ。これまでとは違う何か良い方法はないか？」

と思われているはずです。そうであれば、**あなたはすでに勉強に必要な孤独感と危機感を手に入れていることになります。**これは今後の勉強を進める上でかなりのアドバンテージです！

ところで私は本節の見出しに「勉強ができるようになるために必要な3つの要素」

と書きました。

孤独感と危機感とあと一つは何でしょうか？

言わずもがなそれは**正しい勉強法**です。

いくら孤独感と危機感を強烈に持ち、寝る間も惜しんで机に向かったとしても、闇雲に参考書をめくるだけでは効果は期待できません。誤った勉強法では学力は上がらないばかりか逆にマイナス成長になってしまう可能性すらあります。そういう意味ではやはり勉強法の影響は甚大です。

私の考える「学力の伸び」と、それに必要な「3つの要素」の関係は次のような「数式」に表すことができます。ちなみに勉強法について「×勉強法」と掛け算になっているのは、**勉強法の影響が最も大きい**ことを表しています。

学力の伸び＝(孤独感＋危機感)×勉強法

逆に言うと**孤独感と危機感を持って正しい勉強法で取り組めば、学力は飛躍的に向上するということです。**このことは「落ちこぼれ」から学年のトップクラスに躍り出たたくさんの私の生徒達が実証してくれています。

この本には東大教授の父から教わり東大に合格した私の経験、そして長年の指導経験の中で私がブラッシュアップしてきた勉強法のすべてを詰め込みました。どうぞご期待ください！

トップを目指す人の心構え

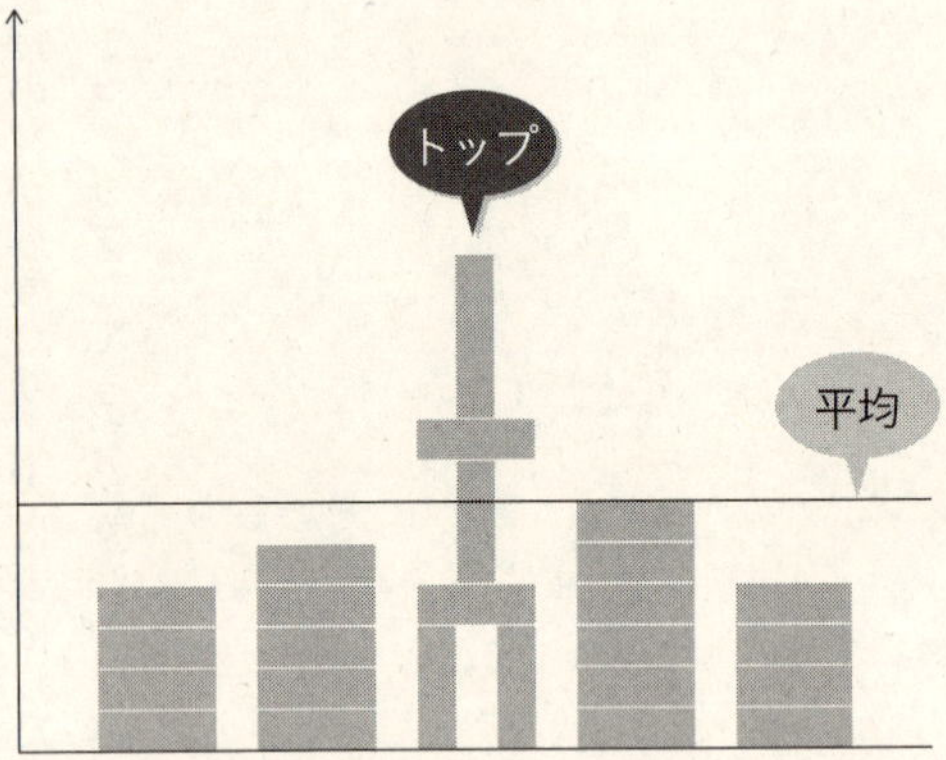

人と違う工夫のできる者だけが
トップに躍り出る可能性を
持っている

国際成人力調査1位の日本からは天才が出づらい？

2013年秋、経済協力開発機構（OECD）が行った国際成人力調査（PIAAC）の結果が公表されました。OECDは15歳児を対象とする学習到達度調査（PISA）も定期的に行っていますが、今回はその大人版が初めて実施されたことになります。調査には先進国を中心に24の国と地域が参加し「読解力」「数的思考力」「ITを活用した問題解決能力」の3分野の問題が出題されました。結果は次頁の表の通り。**日本は「読解力」と「数的思考力」の2分野において平均得点で見事第1位を獲得しました。**

もちろんこの結果は素晴らしいことです。国民全体の平均点が高いということを私も日本人として誇りに思います。

ただ一方で、

「**日本人は、真似は得意だが独創性に欠ける**」

「**日本からは突出した才能がなかなか出ない**」

といった指摘が昔から根強いのも事実です。

PIAACの分野別結果の各国比較

国名	読解力	数的思考力	ITを活用した問題解決能力	
	平均得点	平均得点	レベル2・3の成人の割合	平均得点
OECD平均	273	269	34%	283
オーストラリア	280（4）	268（13）	38%（6）	289（3）
オーストリア	269（17）	275（10）	32%（13）	284（7）
カナダ	273（11）	265（14）	37%（7）	282（12）
チェコ	274（9）	276（9）	33%（12）	283（9）
デンマーク	271（14）	278（7）	39%（5）	283（8）
エストニア	276（7）	273（11）	28%（16）	278（16）
フィンランド	288（2）	282（2）	42%（2）	289（2）
フランス	262（21）	254（20）	m	m
ドイツ	270（15）	272（12）	36%（8）	283（11）
アイルランド	267（20）	256（19）	25%（18）	277（18）
イタリア	250（23）	247（22）	m	m
日本	296（1）	288（1）	35%（10）	294（1）
韓国	273（12）	263（16）	30%（15）	283（10）
オランダ	284（3）	280（4）	42%（3）	286（6）
ノルウェー	278（6）	278（6）	41%（4）	286（5）
ポーランド	267（19）	260（18）	19%（19）	275（19）
スロバキア	274（10）	276（8）	26%（17）	281（13）
スペイン	252（22）	246（23）	m	m
スウェーデン	279（5）	279（5）	44%（1）	288（4）
アメリカ	270（16）	253（21）	31%（14）	277（17）
ベルギー	275（8）	280（3）	35%（11）	281（14）
イギリス	272（13）	262（17）	35%（9）	280（15）
キプロス	269（18）	265（15）	m	m

(注) ITを活用した問題解決能力の平均得点は、PIAACのデータを元にコンピュータ調査解答者を母数として国立教育政策研究所が算出。キプロス、フランス、イタリア、スペインは、ITを活用した問題解決能力分野に参加していない(m= データが得られない)。
表中の数値が同じであっても順位が異なる場合があるのは、小数点以下の差異による。なお、本表にはロシアのデータは記載されていない。

■ OECD平均よりも統計的に有意に高い国
□ OECD平均と統計的に有意差がない国
▒ OECD平均よりも統計的に有意に低い国

[出典：文部科学省 http://www.mext.go.jp/b_menu/toukei/data/Others/1287165.htm]

「ITを活用した問題解決能力」については、コンピュータ調査を受けなかった者を母数に含めたレベル2・3の者の割合で見るとOECD平均並みで、コンピュータ調査を受けた者の平均得点では参加国中第1位。

2014年の春、14歳の若さでカナダのトップ大学5校に奨学金付きで合格を果たした大川翔さんのニュースを記憶されている方は少なくないでしょう。大川さんは9歳の時にカナダで「天才児登録」をされた正真正銘の天才ですが、あるインタビューで次の様に語っていたのが印象的でした。

「僕のような人は日本にたくさんいると思います。飛び級だとかギフティッド（天才児登録）の制度がないので、表に出てこないだけだと思います。その点、僕は運が良かっただけです」

14歳という年齢でこれだけのことを話せることに舌を巻きますし、超一流の人特有の謙虚さも感じられます。でも日本で彼のような天才が出づらいのは本当に制度ばかりが理由でしょうか？

例えば、

「6人の子供に1人4個ずつみかんを与えたい。みかんはいくつあれば良いか」

という問題に対し「6×4＝24」は不正解で「4×6＝24」だけを正解とするいわゆる「掛け算の順序問題」。1972年の朝日新聞の記事に端を発し、未だに解決していないこの問題に象徴されるような日本の教育のあり方が、子どもの個性を蝕《むしば》んでいるのではないかと心配するのは私だけではないと思います。

また家庭においても、我が子を知り合いの子と比べて、

「○○さんのところの□□ちゃんは……なのに」

と心配するのは（少なくとも日本では）ごく一般的な親の姿です。私にも娘が2人いますので、自分の子どもが他の子に比べて劣っている点があると気になる親心はよくわかります。他の子はできている縄跳びができていないことが分かれば、なんとか平均には届くように練習させてあげたくなるのが親というものです。

しかし子供を「平均」に育て上げることに果たしてどれだけの意味があるでしょうか？ たとえ縄跳びが苦手でもそれを欠点と捉えるのではなく、他に長所になり得る個性を探してそれを褒めたり伸ばしてあげたりするほうがずっと大切なはずです。

いずれにしても「右へならえ」「人並みであれ」のメンタリティが優位になっている環境の中では、子供が「天才」に育つことや周囲を圧倒するトップに躍り出る可能性は大変低いだろうと私は思います。

私の理想の教師

私が教師として憧れ、いつも範としているのはウィーン国立音楽大学指揮科で准教授をされている**湯浅勇治先生**です。湯浅先生の門下には世界中で活躍する錚々《そうそう》たるメンバーが名前を連ねており、国際コンクールの優勝者も多数含まれています。例えば小澤征爾さんや佐渡裕さんを輩出したブザンソン国際指揮者コンクールでは門下生の中から曽我大介さん、阪哲朗さん、下野竜也さん、垣内悠希さんが優勝されています。指揮者コンクールとして世界的に最も注目されているこのコンクールにおいて同一門下から4人も優勝者を出しているのは湯浅先生だけのはずです。

私が湯浅先生のレッスンでいつも感心するのは、先生が決して弟子たちを**型にはめようとはされない**所です。その証拠に先生の弟子は皆さん個性的でお互いに全然似ていません。一人ひとりがそれぞれの色を失うことなく、その才能をいかんなく開花させています。

自分が教える側に立ってみるとよく分かりますがこれは本当に凄いことです。教師としては一つの型をすべての生徒に真似させることの方がずっと楽なのは言うまでもありません。湯浅先生のような指導法は圧倒的な力を持ち、かつ数えきれないほどの引き出しを持っている教師にだけでき得ることです。そしてそのような指導のもとでこそ師匠をも超える「天才」が生まれます。

湯浅先生は以前、

「伝統あるヨーロッパの中で言葉等のハンディがあるアジア人が活躍する場を作るためには、数字を出して認めさせるしかない」

とおっしゃっていました。だからこそ弟子を国際コンクールで優勝させるためにはどうしたら良いかを徹底的に追求されているのです。先生は、アジア人がヨーロッパ人と肩を並べることを目指されているわけではありません。先生のレッスンはアジア人もヨーロッパ人も関係なく**ぶっちぎりのトップを狙うためのレッスン**です。

私はまだまだ先生の足元にも及びませんが、少なくとも生徒を型にはめることだけはないように注意しています。そして生徒の持っている「鍵穴《かぎあな》」に通るこの世にたった一つの鍵を、そっと渡してあげられるような教師でありたいと日々鍛錬していると ころです。

父からもらった唯一のアドヴァイス

私の父は決して「～しなさい」とは言わない人でした。でもそんな父から勉強法について直接もらったアドヴァイスが一つだけあります。それは、

「人と同じように勉強してちゃダメだよ」

というものです。最初にこれを聞いたとき（確か中学生のときでした）は正直あまりピンと来ませんでしたが、高校2年の終わり頃ようやく勉強に本腰を入れようとした時、真っ先にこの言葉を思い出したからこそ**私は勉強のコツを掴むことができました**（具体的にはPART3で詳しくお話しします）。

人と同じであることは恥ずかしい！

私は小学校6年間の18学期分の通信簿すべてに「落ち着きがありません」と書かれてしまうような子供でした。授業中に私があまりにも度々《たびたび》先生に注意を受けるので友人が面白がって（?）その回数を数えてくれたことがあります。彼いわく50分の授業中に私が受けた注意の数はなんと43回だったそうです（当時の先生方、クラスメイトの

皆さん、本当にごめんなさい)。当然、親が学校から呼び出しを受けたことも一度や二度ではありませんでした。でも母はそんな私のことをあまり叱らず、むしろ我が子によその子と違う所があることを面白がって喜んでいるような節さえありました。

また学校の先生の中にも、私には厳しく接しておきながら、

「彼は好奇心のかたまりなんですよ。だから少々のことは大目に見てあげてください」と母に話して下さる先生がいらっしゃいました(もちろん授業を妨害する私を嫌う先生もいらっしゃいましたが……)。

結果として私は家庭においても学校においても「平均」であることを求めない、日本には少し珍しいタイプの大人たちに囲まれて育ちました。このような環境の中にあって私はそのうち、

「人と同じであることは恥ずかしいことだ!」

と考えるようになります。しかも私はこのように思うこと自体をごく自然なことだと思っていましたので、結婚してから妻が、

「私は『人と違うことは恥ずかしい』と思ってきたわよ」

と話すのを聞いて大いに驚きました。

あなたはどちらのタイプですか？　もしあなたが私の妻と同じように考えてきたのなら、あなたにとって勉強はきっと辛いものだったろうと思います（妻は大変辛かったそうです）。

トップを狙うための勉強法と平均点を取るための勉強法は違う

「学ぶ」の語源は「まねぶ」であり、「模倣は創造の母である」とも言われます。しかし真似るだけで終わってしまうと決してトップに躍り出ることはできません。真似によって到達できる最高位はナンバー2の座です。真似から入ることが効率的であることは私も認めますが、**真似ることの本来の目的を忘れず、やがて独創に繋げることのできる人だけがトップに立つ可能性を持っています。**

私の父は教育者である前に研究者でした。研究者は学術論文において自らの独自性を示すことが使命です。研究は世界のトップを切って走らなければ意味がありません。そういう世界に生きる父にとって、**学問と向き合うとき、人と違う工夫をすることは骨の髄《ずい》まで染み込んだ基本的な心構え**だったのでしょう。

私は本書で「平均点を取るための勉強法」をお伝えするつもりはありません。極論すると平均を狙う勉強法とはすなわち人の**真似をする勉強法**です。この勉強法においては「右へならえ」の精神で他のみんながやっていることを追いかけ、周囲に遅れを取らないことが目標になります。言い換えれば、それは**後塵《こうじん》を拝していることへの劣等感と焦燥感の中で苦しみながら勉強する方法**です。

「勉強なんて大嫌い」

という人はとても多いと思いますが、それは今までの勉強が「平均点を狙う勉強」だったからではないでしょうか。

一方、私が父から教わったのは研究にも通じる「トップを狙うための勉強法」でした。それは飛び道具的な裏ワザでは決してありませんし、誰を真似るわけでもなく自分なりの工夫をしていく勉強法なので効率的でさえない時もあります。その代わり**この勉強法は掛け値なしに「楽しい勉強法」です**。自らの創意工夫の先に未知なる真実と向きあう体験が楽しくないはずがありません。私が高校時代から一貫して勉強を楽しい、と感じているのは父にヒントをもらった勉強法が押し並べてトップを狙うための勉強法だったからです。

勉強法の本を世に出すからには、これまで培ってきた方法が読者の皆さんの役に立って欲しいという願いは当然ありますが、かと言って私の方法を真似ることで満足して欲しくはないと思っています。この本を読んでくれているあなたには、私の勉強法を参考にしてもらいつつも、**やがてはあなた独自の勉強法を編み出してくれることを強く期待しています。**もちろんそのためのヒントは本書の中にできるだけたくさん散りばめるつもりです。

「えー、そんなの無理だよ」なんて言わないでくださいね。

大丈夫。あなたの才能を開花させることのできるのはあなたのことを一番良く知り、あなたの成長を誰よりも一番願っているあなた自身ですから。

覚える力より考える力

プロセスに注目すれば、
知恵を育む「考える力」が身につく

知識と知恵の違い

かのアインシュタインは自宅の電話番号を覚えていなかったと言われています。友人がそれをからかうと「**調べれば分かることを覚えるほど僕の脳は暇じゃない！**」と言って、電話帳を投げつけたとか。

またある時には「**教育とは、学校で習ったことをすべて忘れたあとになお残るものだ**」とも言っています（こちらは私の座右の銘です）。

「学校で習ったこと」は**知識**（knowledge）です。そして「なお残るもの」とは**知恵**（wisdom）のことを言っているのでしょう。おそらくアインシュタインは知識を溜め込むことには興味がなく、どうしたらより知恵を育むことができるかを常に考えていたのだと思います。

知識と知恵は似ている言葉ですが意味するところは大きく違います。知識というのは事実として知っている内容のことで、例えば料理のレシピは知識にあたります。一方知恵というのは物事の筋道を立て、計画し、正しく処理する能力のこと（大辞林）で、与えられた食材から料理を作り上げることができる力は知恵と言っていいでしょう。**知識は一生懸命に覚えてもやがて忘れてしまうものですが、一度手に入れた知恵は忘れたくても忘れられないものになります。**

ある料理のレシピを知識として憶えているだけの人は、しばらくその料理を作っていないと分量も手順も忘れてしまうのが普通です。

「そんなことないよ。一度聞いたレシピは大体覚えているよ」という人も中にはいるかもしれません。でもそういう人はそもそもレシピなんてなくても冷蔵庫の残り物からパパッと美味しい料理を作ることができる、いわゆる料理名人ではありませんか？

忘れない、というのは知識が知恵になっている証拠です。料理名人がレシピを忘れないのは調味料についても手順についてもその意味を理解し、レシピ全体が物語のようになっているからです（知識を知恵に変える記憶術についてはＰＡＲＴ４で詳しくお話しします）。

かつて「炎の料理人」として名を馳せた周富徳さんが、「いったい何種類ぐらいの料理を作れるのか？」と聞かれたときの答えは大変印象的でした。

「私は１０００種類以上の料理を作ることができますが１０００種類のレシピを憶えているわけではありません。憶えているのは料理の味と見た目だけです。あとは中華のルールに従ってそれを再現します」。これこそが料理の知恵です。

地図よりもコンパスを

ネット社会の現代では知りたいことを検索するのは簡単です。「調べればわかること」の範囲は一昔前とは比較にならないほど拡大し、スマホやPC、音声入力などの普及によって調べること自体のハードルもどんどん下がっています。映画を見ていて気になる俳優がいれば、数分後にはその俳優が過去に出演していた作品はおろかその俳優の離婚歴や好きな食べ物まで分かってしまう時代です。いつでもネットにアクセスできる環境にある人が知識としてこれらを頭に入れておく意味はほとんどないでしょう。

加えて世界の変化のスピードは加速しています。世界情勢においてもビジネスにおいても昨日までの常識が今日の非常識になることは珍しくありません。この点についてMITメディアラボ所長の伊藤穰一氏は次のように話されています。

「世界の変化のスピードがこれだけ速くなると『地図』はもはや役に立たない。必要なのは『コンパス』です。そして素直で謙虚でありながら権威を疑うことなのです」

過去に作られた「地図」をたくさん持っている人、すなわち知識の豊富な人が尊敬を集める時代は過ぎ去りつつあると言っても過言ではないと思います。これからの時代に必要なのは誰も歩いたことのない道を進むためのコンパスを持っている人、すなわち知恵のある人間です。そう、**現代は知識よりも知恵が求められる時代なのです。**

ではどうしたら知恵という名の「コンパス」あるいは「なお残るもの」を持てる人間になれるのでしょうか？

「なお残るもの」＝「知恵」をつかむコツ

私は数学教師として生徒に「なお残るもの」を伝える事こそ第一の責務であると考え、これをつかんでもらうことに心血を注いでいます。私が生徒に徹底してやってもらっていることは教科書に載っている定理や公式を自らの手で証明することです。なぜだか分かりますか？　哲学者で教育者でもあったルソーはこう言っています。

「ある真実を教える事よりも、真実を見出すにはどうしなければならないかを教える事の方が重要である」

中学～高校の数学に登場する定理や公式には約4000年とも言われる数学の歴史

の中で最もエレガントでかつ最も汎用性のあるものが選ばれています。言わば人類の知恵の結晶です。しかし定理や公式に数字をあてはめて問題を解くだけではいくら数をこなしても生徒が「なお残るもの」をつかむことはありません。三平方の定理にしても、2次方程式の解の公式にしてもその結果は知識に過ぎないからです。人類の宝とも言えるその**知恵の本質はそれぞれの定理や公式が導かれたプロセスにあります**。偉大な真実が発見された足跡をたどることで初めて、私たちは賢人たちの発想法や工夫といった宝の山に出会うことができるのです。

プロセスに目を向けて賢人たちの発想法、考え方に触れているとやがて自分も同じように考えたり、工夫したりすることができるようになります。その発想法、考え方こそがまさしく「なお残るもの」です。これらは一度身についてしまえば決して忘れることはありません。数学に限らず「**なお残るもの＝知恵」をつかむコツは結果ではなくプロセスに注目すること**です。

プロセスに注目してピラミッドを考える

プロセスに注目するというのはどういうことかをピラミッドを例にお話しします。

ピラミッドを古代エジプト人が建造した一つの「結果」としてしか見ない人にとっては、それは単なる遺跡以外の何ものでもないでしょう。しかしピラミッドが造られたプロセスに注目する人にとっては、

「動力がない時代にどうやってあの巨大な建造物を築いたのだろう?」

と怖れにも似た神秘さを感じる存在のはずです。

実はこの稿を書いている最中に「ピラミッドの石を運ぶ方法がついに解明か」という記事がネット(GIZMODO)に出てかなり話題になりました。2・5トンとも言われる巨大な石を採石場から建築現場まで運んだ方法がついに分かったというのです。これまでは石をソリに乗せて運ぼうとすると、石の重さで沈み込んだソリの前に小さな砂山ができてソリが進めなくなってしまうことが問題でした。そうなるといちいち砂山を取り除く必要があり、効率が悪い上に大変な力が必要になります。

しかしアムステルダム大学の研究班は砂に水をまけば砂が硬くなって砂山ができなくなり、従来考えられていたのに比べて半分の力で石を運べることを解明しました。

この説を裏付ける証拠も残されています。19世紀にイギリスで発見されたジェイホテプ墓(Tomb of Djehutihotep)に描かれた王の巨像を運ぶ奴隷の絵をよく見ると、

ソリの前方に砂に水を撒く男の姿がはっきりと描かれているのですから驚きです！

いかがでしょうか？ **ピラミッドを遺跡（観光地）として捉えるだけでは決して見えてこない話の広がりや繋がりを感じませんか？** 少なくとも私にとっては新説と100年以上前に発見された絵とが結びつく大変興味深い記事でした。

ところでこのピラミッドの話、あなたにとってはもう「知識」ではありませんよね？ 固有名詞は忘れてしまったとしても、ピラミッドの建造に使われた石の運び方は飲み会やデートでいつでも披露できる「話のネタ」として忘れられないものになったのではないでしょうか？ しかも砂は湿らせると硬くなるのだという事実は例えばあなたがこれから海岸の砂浜などで重たいものを運ぼうとするときにもきっと役立つでしょう。これこそがプロセスに注目することで獲得できる「知恵」なのです。

知恵を育むために必要な力

言うまでもなく知識を獲得するために必要な力は覚える力（暗記力）ですが、私は自分でもびっくりするくらいに暗記力がありません。恥を忍んで白状すると、地理のテストでクラスビリだったこともあります。暗記系科目の点数が酷いのは毎度のことでしたが、クラスでビリだった時は答案の返却方法がドラマティック（?）だったので特に強烈な印象が残っています。

当時の地理の先生は点数順に答案を返却される先生でした。テストを受けた感触から心配していた通り、残り5人になってもまだ私の名前は呼ばれません。ワースト5確定です。せめて最後に名前を呼ばれるという恥ずかしい事態は避けたいと願いながらドキドキして待っていると、さすがに先生も気の毒に思って下さったのか、「残り5人はシャッフルしてやろう」とおっしゃいました。ほっと胸を撫《な》で下ろした私が呼ばれたのは2人を残して3番目でした。ところが次の瞬間先生の口から耳を疑うお言葉が……。

「ま、お前がビリだけどな」。シャッフルする意味なし、です。

（遅ればせながら）勉強に本腰を入れようとしたとき、前節で書いた「他人と違う工夫」、それと自分の記憶力のなさを考えて私はなんとか記憶力に頼らないで済む勉強法はないか、丸暗記を最小限度に抑えるためにはどうしたら良いかを考えました。そうして私がたどり着いたのは、**ふつうは暗記事項とされていることの中から、考えればわかることを徹底的に洗い出す**方法です。暗記量を極限まで圧縮するこの方法に出会っていなければ私が東大に合格することは決してなかったと思います。

「いや、でも今度の資格試験は暗記中心なんだよ」

という人もいるでしょう。しかしまるで電話帳のような教則本を覚えなければいけないソムリエ試験も、私は同様の方法で突破しました。**暗記するしかない、と思われていることの多くが実は「考えればわかること」に転化できるのです。**そもそも「考えれば分かること」は覚える必要がありません。考え方さえ掴んでしまえば必要に応じていつでもその場で導き出せます。これまで「なお残るもの」こそ知恵だと書いてきましたが、知恵が「なお残ること」なのはそれが「考えればわかること」だからです。

言うまでもなく、考える力が育てば「考えればわかること」の範囲も拡大します。結局、忘れたくても忘れようのない**知恵を獲得するのに必要な力は考える力**なのです。

時代が求めているのは知恵であり、資格試験等に必要な知識もその多くは知恵に転化できるのですから、私たちが勉強を通して磨くべき力は覚える力ではなく、考える力であることは間違いありません。PART3ではこの「考える力」を伸ばすより具体的な方法をお話ししますので楽しみにしていてください！

本質にたどりつく最短思考法

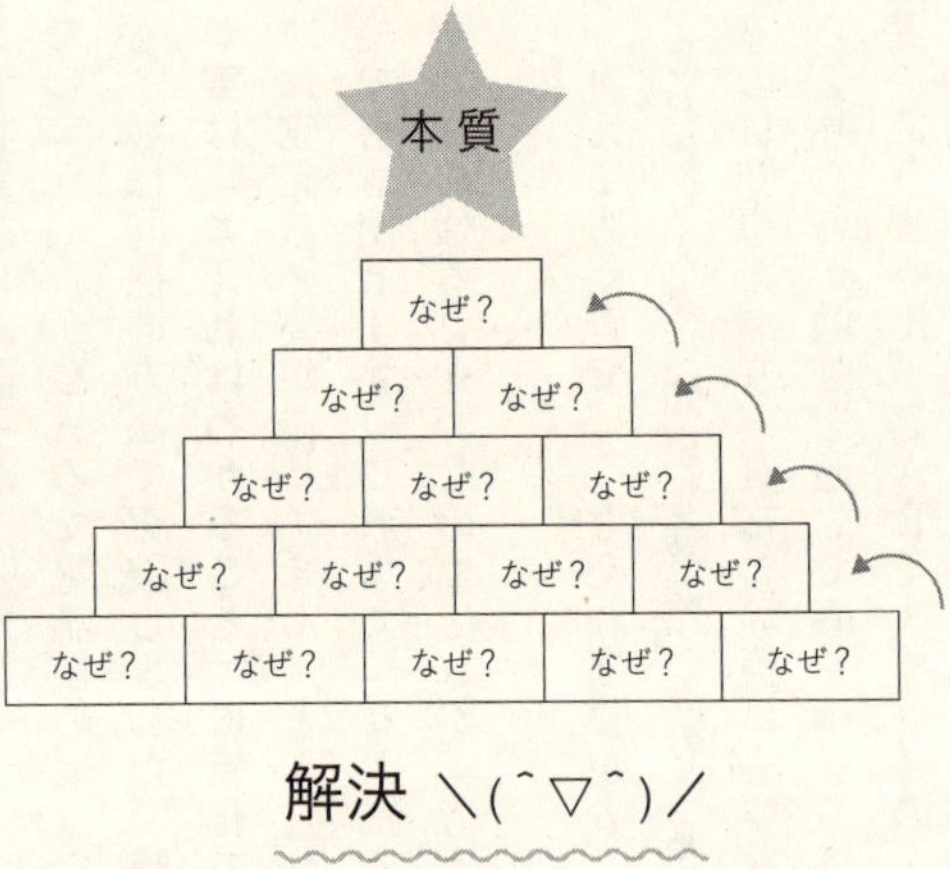

「なぜ？」を増やせば
本質にたどりつく

前節で結果よりもプロセスを見ることの大切さは分かってもらえたと思います。しかし実はこれはそんなに簡単なことではありません。人間はついまわりの人が信じていることをやみくもに受け入れてしまったり、無批判で権威や権力に迎合してしまったりするものです。そういう意味では前節で紹介した伊藤穰一氏の言葉の後半部分、**「（必要なのは）素直で謙虚でありながら権威を疑うことなのです」**も示唆に富んでいます。

ではどうしたらプロセスを見る眼を育み、知恵を手に入れることができるのでしょうか？

飛躍的に成績を伸ばす直前に必ず通る段階

私の塾に来る生徒の大半が最初「落ちこぼれ」であることは既に書いた通りですが、そんな彼らが他の生徒をゴボウ抜きにしてトップクラスの成績を修めるようになる直前に、必ず通る段階があります。それは**質問をするようになる**という段階です。

私はどの生徒に対しても授業の最初には必ず、

「何か質問ありますか？」

と聞くことにしていますが、不思議というか皮肉なもので、できない生徒ほど、「ありません」と答えます。でもそれは前回の授業の内容やその後学校で習ったことが全部分かりました、という意味ではなく、「何も考えてきませんでした」とほぼ同じ意味です。

一方、以前は質問が出なかった生徒でも正しい勉強の姿勢が身についてくると、

「どうやったらこういう風に考えられるのだろう？」

「なぜ、自分にはこの問題が解けなかったのだろう？」

「これを学ぶ意味はなんだろう？」

と、**どんどん質問が出るようになります。プロセスを見る眼が育ってきた証拠です。**この段階になれば、時を隔てず生徒の成績はグンと上昇します。

プロセスを見る眼を養う魔法の言葉

前述のとおり、私は暗記量を出来るだけ圧縮するために考えればわかることを徹底

的に洗い出す作戦を取ったのですが、その具体的な方法は**あらゆることに対して「なぜ？」と疑問を持つこと**でした。例えば……、

（1）なぜ「so〜that…」は「とても〜なので…」という意味なのか？
（2）なぜ円の面積を求める公式は「半径×半径×円周率」なのか？
（3）なぜ産業革命はイギリスで起きたのか？
（4）なぜ濃硝酸《のうしょうさん》と銅の反応では二酸化窒素が発生し、希硝酸と銅の反応では一酸化窒素が発生するのか？

といった具合です。

必要に迫られた上の窮余《きゅうよ》の策ではありましたが、私がひたすら「なぜ？」と疑問をもつ勉強法を思いついたのには伏線があります。

だれでも幼少期にはあらゆることに対して「なんで？」「なんで？」と親に尋ねる時期がありますね。いわゆる「質問期」です。質問期の子を持つ親は大抵、最初こそ「それはね〜」と答えてくれるものの、度を過ぎてくると、

「いい加減にしなさい！」

と一喝してしまうことが多いと思います。でも私の両親は辛抱強く私の「なんで？」に答えてくれました。特に父は私がどんなに「なんで？」を繰り返しても面倒そうな素振りはまったく見せずに色々と教えてくれたものです。また時には、

「それはお父さんにも分からないんだよ」

と言うことがあって新鮮さを感じたことをよく憶えています。おかげで私は、

「そうか。お父さんでも分からないことがあるのか。だったら疑問に思うことは全然恥ずかしいことじゃないな」

と思うようになりました。

ちなみに、先の「なぜ？」に対する「答え」は次のとおり。

（1）英語の「so」の中心的な意味は「そんなに」。そして「that」には「どんなに～」を示すいわゆる「程度を表す接続詞」としての役割がある。

（2）円を非常に細い扇形に分ければ、半径×円周の半分（＝直径×円周率÷2）の長方形に近似できる（これは積分による求積《きゅうせき》に繋がる考え方）。

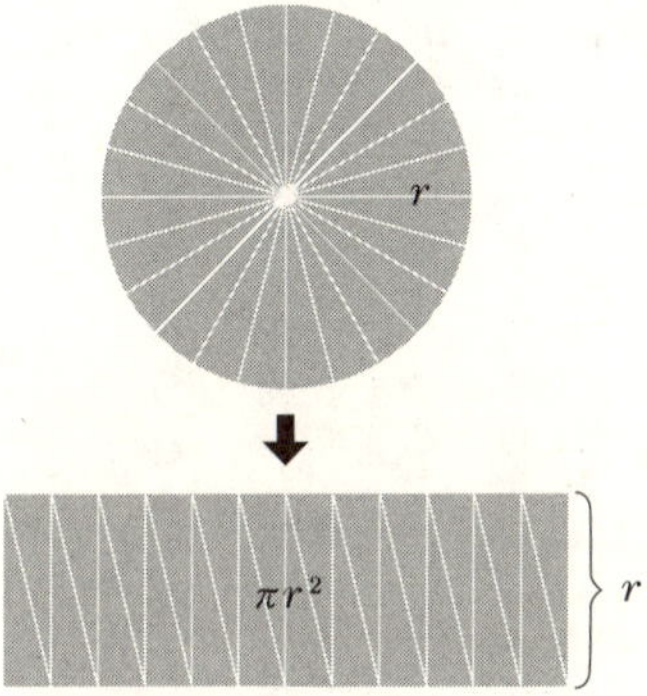

$2\pi r \div 2 = \pi r$

（3）イギリスは植民地争いに勝利して広大な市場と莫大な富を築いていたことに加えて、少し前の農業革命に伴う第2次囲い込みによって土地を失った多くの農民が労働力の担い手になったから。

（4）どちらも「酸化還元反応」で硝酸の窒素（N）は銅から一定量の電子を受け取っている。硝酸の濃度が高いと、1つの窒素がもらえる電子の数は少なくなる。一方、「硝酸→二酸化窒素」の方が「硝酸→一酸化窒素」より窒素の酸化数の変化（1個の原子が持つ電子の増減）は少ない。よって濃硝酸では二酸化窒素が発生する。

結果を丸暗記していたら思いもつかないような奥の深い世界が拡がっていることに私は興奮しました（笑）。しかも右の内容（プロセス）が理解できたとき、（1）～（4）はもはや知識ではなく知恵になっています。このように**「なぜ？」と問いかけることさえできればプロセスを見ざるを得なくなり、結果として知恵が手に入る**のです。「なぜ？」という言葉はプロセスを見る眼を養う魔法の言葉だと言えるでしょう。

ビッグバンさえも疑える？

質問期を終えた後にも疑問に思うことの大切さを思い知らされた印象的な出来事がありました。

私が小学生の頃、父はよく科学雑誌の「Newton」を買ってくれました。書いてある内容はほとんど理解できませんでしたが、父が買ってくれたことに対する嬉しさと科学の「最先端」に触れているという誇りのようなものに後押しされて毎号熱心に読んだ（眺めた）ものです。

その中で私は「宇宙の始まりにはビッグバンという大爆発があって、その後1秒足らずで想像を絶する大きさになった。そして今も宇宙は光の速度で膨張し続けている」といういわゆる**ビッグバン理論**（**Big Bang theory**）のことを知りました。私は父と科学についての高尚な話ができると思いある日、風呂の中で、

「宇宙はビッグバンで始まったんだよね」

と雑誌の受け売りをそのまま父に話しました。よく知ってるね、そのとおりだよ、という返答を期待していたのですが父の口をついてきた言葉は意外でした。

「うん……でも宇宙が光の速度で膨張しているなんて信じられるかい？　**お父さんはどうにも信じられないんだよ。**だいたい宇宙のはじまりや宇宙の端っこなんて確かめようがないしね」

私は少なからず驚きました。ビッグバン理論は「Newton」にも掲載されている最先端の理論であり、父のように学者と呼ばれる「賢い人達」にとっては常識なんだろうと思っていたからです。

実際、当時から30年以上が経過した今日でもビッグバン理論については活発な議論があります。言い換えればビッグバン理論は未だに正しいという確証のない理論なのです。2014年の3月にはビッグバン理論を裏付ける「重力波」が世界で初めて観測されたと話題になりましたが、その2カ月後には「天の川銀河のちりから放出され

るマイクロ波の影響ではないのか？」という批判が出て「今回の観測結果はビッグバンの裏付けにはならない」との意見が出ました。

いずれにしても「雑誌に載っている」という権威に与《くみ》せず自然な感性で捉えれば、やっぱりビッグバン理論というのはとんでもない理論なので、「本当かな？」と疑ってかかるほうが当たり前です。本に載っていた、あるいは偉い人（有名人）が言っていたというだけで信じることは、人から考える機会を奪います。そのような姿勢では知識は増えても知恵を得ることはできません（しかもその知識は間違っていることさえあります）。

本質にたどりつくために「なぜ？」を増やす

再びアインシュタインの言葉を借ります。アインシュタインは常識について、

「**常識とは、十八歳までに身につけた偏見のコレクションである**」

と言っています。実に科学者らしい言葉です。私は大学に入ってすぐの頃先輩から、

「一番よい研究は小学生の教科書を書き換えるような研究だよ。大学院生しか読まない専門書の注釈がほんの少しだけ変更されるような研究は面白くないでしょう？」

と聞かされました。

小学生の教科書に載っていることというのはまさに常識ですが、研究者たるものまずはそこを疑うことから始めなくてはいけないというわけです。なんて書くと、

「それはそうかも知れないけど、別に研究者になるわけじゃないし……」

と言われてしまうかもしれませんね。確かに多くの人にとってはそうでしょう。

でも私たちの勉強の目的が知識より知恵を手に入れること（≒知識を知恵に転化させること）である限り、本質を見抜こうとするこの姿勢を決して忘れてはいけません。常に**「なぜ？」と思いながら勉強する姿勢こそが本質にたどり着く最短の思考法なのです。**

「なぜ？」と思う気持ちを持ち続けることにはもう一つ素晴らしい効能があります。それは**勉強が能動的になる**、という点です。

「なぜ？」と思ったことに対しては誰でも答えを知りたくなりますよね？

ネットで検索したり、本を読んだり、人に訊《き》いてみたりしたくなるでしょう。人から言われてする受動的な勉強は嫌々やることになるので身につきませんが、**自分が知りたいことを調べるのは苦にならない**はずです。もちろん調べることで出会ったプロ

セス――知恵――は面白いように頭に入ります（「能動的な勉強」について詳しくはPART4を御覧ください）。

このように「なぜ？」と思うことはいいことずくめなのですが、私のみるところ多くの人は、勉強は「なぜ？」を減らすためにするものだと思っているようです。しかしそれは間違っています。「なぜ？」が増えない勉強は単に知識を詰め込む作業に過ぎません。どうぞこれからは「**なぜ？」が増えるように勉強してください。そうすればあなたは本質にたどり着けるだけでなく、勉強そのものが楽しくもなるでしょう。**

PART

2

それでは、
どのように
考えればよいのか？

「熟考」のススメ

分からない時間が
「脳力」を育てる。

巨人軍のエースだった桑田真澄氏は、遠征先のホテルで夜中にたたき起こされて、「お前が先発した今日の試合、3回裏2アウト1塁の場面で4球目に投げたボールはなんだった？」と意地悪な質問をされても「カーブです」と答えることができたそうです。当時投手コーチだった堀内恒夫氏曰く、いつでもちゃんと答えられた投手は他にはいなかったとか。桑田氏は現役を引退後に早稲田大学大学院でスポーツ科学の修士号を取得、現在は東京大学大学院総合文化研究科で更なる研究を続けているくらいですから、球界きっての知性派であることは間違いありません。

とは言っても先発投手が1試合に投げる球数は100球を超えていることを考えると、いくら記憶力が良くてもすべての配球を丸暗記することは難しいでしょう。ではなぜ桑田氏はこのような芸当ができたのでしょうか？

勝手ながら推測すると桑田氏にとっては、一試合の投球全体が**物語《ストーリ》になっている**のだと思います。漫然とキャッチャーのサイン通りに投げるわけではなく、一球一球に対してその時々の状況や過去の対戦等から考えた過程を考えているからこそ、すべての投球を克明に憶えていたのでしょう。このように覚える対象に対して「物語」を与え、より覚えやすくする術についてはＰＡＲＴ４の記憶術の節で詳しくお話しします。

しかし私は「物語」を摑む力の他に飛び抜けていたものが桑田氏にはあったように思えてなりません。それは一球にこめる思いの強さ、**真剣さ**です。もちろんプロ野球選手は誰でも斬るか斬られるかの真剣勝負として試合に挑んでいるのだろうとは思いますが、桑田氏は人一倍それが強かったのではないでしょうか？

父が何十年も覚えていた分からなかった問題

話は変わりますが父は受験生として東大を受けたとき、英語の試験で分からなかった単語が一つだけあったそうです。何かの折に「入試のときbrand-newっていう単語の意味が分からなくてね。あれは悔しかったなあ」と話してくれました。受験から何十年も経っているのに未だに分からなかった単語を憶えている、ということに驚いたのを憶えています。きっと父にとっては分からない単語があるということが、ちょっとやそっとの悔しさではなかったのでしょう。裏を返せばそれだけ父は勉強に**真剣だった**ということです。「解ければいいいな」「合格すればいいな」というくらいの弱い気持ちでは、たとえ分からない問題があってもそう印象には残らないはずです。

もしかしたら桑田氏が一球にこめた思いも、父が一つの問題と向き合った時の気持ちも**人生を賭けていた**という意味では同じだったのかもしれません。

さて、あなたは今までのテストや問題集で出来なかった問題を覚えていますか？問題が解けなくて、一生忘れられないくらいの悔しい思いをしたことがありますか？

問題と真剣に対峙する

ときどき勉強法の本で「分からない問題はすぐに解答を見ましょう。そしてやり方を覚えましょう」と書いてあるものを見かけますが、**私からすればそんな勉強は言語道断です**。訳も分からずただ丸暗記しただけの解法は教科書に載っているような典型的な問題以外には役に立たないものです。何より**苦労をせずに手に入れたものは簡単に失われてしまいます**。

私の塾の生徒にも、新しいタイプの問題をやらせるとわずか数分で、

「先生、この問題は知りません」

と音《ね》を上げる子がいます。「分からない」ではなく「知らない」という理由で諦めてしまうのは知識をためこむことだけが勉強だと思っている証拠です。このような生徒は問題と真剣に対峙するということを知りません。問題を解くという行為を持って

いる知識を吐き出すだけの作業だと思っているのです。そこで私は、
「そうだね。じゃあ、この問題を解くために必要なものは何だと思う?」
と声をかけます。「解法」は本来、人から与えられるものではなく**自分で見つけるべきもの**であることに気づいて欲しいからです。

もちろんすぐに見つけられるようになるわけではありません。最初はどの生徒も「……」と無反応です。むしろ勿体《もったい》ぶらずに早くやり方を教えてよ、と不満そうな表情を浮かべられてしまう場合もあります。**でもこのやり取りを根気よく繰り返していると、生徒は何かの拍子に解法の糸口を自分で見つけます。この体験は貴重です。**

自分は泳げるはずがないと水を怖がっていた子供が自分にも泳ぐ力があることに気づき、その後は臆せず水に入っていくようになる過程に似ているかもしれません。**自分にも解法を作り上げる力がある**ことに気づき始めた生徒は、少なくとも「知らない」という理由で音をあげることはなくなります。

自分の力で解法を見つけた経験のない人は、問題が解けないのは解き方を知らないからだと開き直ってしまうものですが、一度でも自分の力で解けたことのある人はそのときの快感が忘れられないので**解けないことを悔しく感じるようになります。**

一番大事なのは、この悔しいと思う気持ちです。

人から教えられた解法で問題が解けても大して嬉しくはないでしょう。解けても嬉しくないということは、逆に言えば解けなくても別に悔しくもないということです。これでは問題を解くという勉強の時間が淡白で印象の薄いものになります。当然そこから得られるものは少なく、また頭にも残りません。

一方、解けないことを悔しいと思う気持ちが強い人は解けた時の喜びも大きいので、勉強が刺激に満ちたものになります。強い印象とともに頭に残りますから**問題を解くという行為そのものが忘れたくても忘れようのないもの、すなわち知恵になる**のです。解けなかったことが一生忘れられないほど一つの問題と真剣に対峙する姿勢があれば――たとえ解けなくても――あなたはきっと大いなる知恵を得ることができるでしょう。

「脳力」を伸ばすために必要なこと

もう一度自問自答してみてください。あなたは何のために「勉強」しますか？ 資格試験や昇進試験といった目先の試験に合格することはもちろん大切でしょう。でもせっかく貴重な時間とお金をかけて勉強するのですからやっぱり賢くなりたいですよね？　それも知識だけを詰め込んで頭でっかちになるのではなく真に頭の良い人間、知恵のある人間を目指したいと思うはずです。

ではどのような時に人は賢くなるのでしょうか？

体を鍛えるときのことを連想してもらえれば答えはシンプルです。体は筋肉に負荷を与えるトレーニングをしたときに初めて鍛えられます。脳も同じです。**脳が鍛えられるのは脳に「負荷」がかかっている時だけです。**間違っても、「寝ている間に頭がよくなればいいなあ」とか「楽して学力が伸びる方法はないかなあ」などとは考えないようにしましょう（眉唾ものの広告に惑わされないように！）。

最新の研究によると睡眠学習にも一定の効果があることが立証されつつあるようですが、これは寝る前にきちんと学んだ内容に限りノンレム睡眠中にそれを繰り返し聞くことで記憶の定着率があがるというものです。寝ている間に「賢く」なったり、起きているときには出来なかったことが、次の日に起きたときにはできるようになっていたりするわけではありません。

そして――ここを勘違いされている方が多いように感じますが――**脳に負荷がかかるのは何かを理解したときや問題を解決したときではありません。**

前節で「なぜ？」を増やすことの大切さを書きましたが、**脳の力、言わば「脳力」が伸びるのは「なぜだろう？」と考えるときです。**

「わからないなあ～」とウンウン唸《うな》っているときこそ賢くなるチャンスです。

分からない問題の答えをすぐに見てしまう行為は、坂道を駆け上がるトレーニングをしている人たちを横目に車か何かで坂道の上に連れて行ってもらうようなものです。言うまでもありませんがこの**トレーニングの目的は坂の上に立つことではなく、歯を食いしばって坂道を登ること**にあります。苦労もなく坂の上に立ったところで体を鍛えるためには何の意味もないどころか、歩いてさえもいないことで逆に退化しているかもしれません。

「白い悪魔」との戦い

私は高校時代、父の薦めもあってZ会（増進会）の通信教育を受講していました。ご存知の方も多いと思いますが、Z会の通信教育というのは最初に問題だけが届きます。答えは付いていません。約二週間後の締め切りまでに提出して良い点数を取ると、その後に届く解答冊子に「模範解答」として掲載されるシステムになっていました。受講生は冊子に自分の名前と解答が載ることを目指してがんばるわけですが……いかんせんこの問題が恐ろしく難しいのです。Z会の問題が難問であることは有名で、なかなか解答欄が埋まらないことから受験生の間では「白い悪魔」と呼ばれていました。

もちろん私にとってもZ会の問題は毎回チンプンカンプンだったのですが——父の話を通じて分からない問題と向き合うことの大切さは知っていたので——問題が届くと、とにかく私は約二週間、「白い悪魔」と戦いました。その期間は「あーでもない、こーでもない」といつも考えていたものです。

机の前に座っているときだけでなく、お風呂でも、ベッドでも通学の途中でもとにかくずーっと考えていました。で、大抵分からないまま締め切りを迎えていました(汗)。一度だけ、まぐれで解けて模範解答に載ったことがありましたが、あれは本当に嬉しかったなあ……。

当時は、長い時間をかけても結局は分からない事のほうが多かったので、時間を無駄にしたような気がしていたものですが、今思えば**解けなかったあの時間ほど脳みそに負荷がかかったことはありません**でした。そうです。私が頭を鍛えることができたのは「分からない」時間がタップリあったからなのです。

繰り返します。「脳力」を育てるためには脳みそに負荷をかけることが必要です。

そのために「分からない」時間をたくさん持ちましょう。

即答より熟考を

「雨だれが石を穿《うが》つのは、激しく落ちるからではなく、何度も落ちるからだ」


古代ローマで活躍した詩人であり哲学者でもあったルクレティウスの言葉です。

情報化社会の現代はとかく速いことが礼賛されます。でもその煽りを受けて小さい頃から即答ばかりを求められてきた子供たちは、考えることをしなくなっているように思えてなりません。

もちろん実際の社会では素早い判断が求められることもあるでしょう。でも「勉強法」のこの本の中では敢えて言わせてください。紋切り型の思考法が通用しないこんな時代だからこそ、**即答よりも熟考する勇気と時間を持つことが大切なのではないでしょうか？**

目標の立て方

大きな目標（夢）のために
小さな目標を用意する

「自分は音楽家になるべきでしょうか、と訊《たず》ねられたら私はノーと答える。なぜなら、そう質問したからだ。質問する限り、答えはノーだよ。『禅』問答みたいだけどね。音楽家になるのは、音楽家になりたいと願うその人自身なんだ」

20世紀を代表する指揮者であり、ウエストサイドストーリー等の作曲家としても知られる**レナード・バーンスタイン**の言葉です。また彼はこうも言っています。

「良い音楽家になりたいのならまずはそう思うことから始めなければ。なぜならそれはとても難しいことだから」

人間と音楽をこよなく愛し、晩年はすべての時間を教育に捧げたバーンスタインらしい素敵な言葉です。夢を叶えるためには何より強い想いが必要であると鼓舞してくれると同時に、夢を抱く者の背中を押してくれる優しさも感じます。

ただ、これらの言葉はどちらも10代～20代前半の若者に向けられたもの。あなたがもう少し人生経験を積んだ「大人」なら、

「そんなこと言ったって、夢を叶えられるのは結局才能のある人だけでしょ」

と思うかもしれませんね。私だっていい大人ですから――残念ではありますが――「夢は必ず叶います」なんて言いません。でも夢を持たずに夢が叶うことは絶対にな

い、というのも事実です。

例えば東大に入るために一番必要なことは何でしょう？　それはやっぱり最初に「東大に入りたい」と本気で思うことなのです。これは間違いありません。「何が何でも東大に入るんだ！」という強い願いがあればこそ道は拓けます。反対に「入ればいいなあ」程度の生ぬるい想いでは東大に受かることは難しいでしょう。

私はいつも、**本気で叶えたいと思える高い目標を持てることはそれ自体が大きな才能だと思っています。**低すぎる目標しか設定できないのはモチベーションや自信が欠如している証拠です（自信については次節に詳しく書きます）。逆に実現に向けて具体的に努力することの出来ない高すぎる目標を設定してしまう人は、結局目標がない人と同じ毎日を過ごすことになってしまいますので、やはり「目標を設定する力」に欠けていると言わざるを得ません。

さてあなたはどうですか？　こうして「勉強法」の本を手にしているということは今よりも高いレベルに行きたいという目標がきっとあるのだと思います。そして勉強法の本を読む、という現実的な努力もできているわけですから少なくともその目標は「高すぎる」ことはないのでしょう！　私が少しだけ心配するのはあなたの目標が低すぎやしないかということです。自分の夢に対して自分でリミッターをかけてしまってはいませんか？

「私なんて頑張ったってどうせダメだよ」などというのは単に言い訳です。過去に失敗した例がいくつかあるからと言って、夢を諦めたり下方修正してしまったりする必要はありません。もちろん「高い目標を持ってもどうせ叶わないし……」という声もあるでしょう。大丈夫。**目標は、最初は無理に思えたとしても、正しいステップを積み上げればかなり高い確率で達成することができます。**この節の後半はそのためのテクニックをお伝えします。

ランニングを完走するコツ

中学生のとき私は野球部に入っていました。ポジションはキャッチャー。小さい頃から野球は大好きだったので練習も率先してやっていましたがボールを触らない練習、特にランニングは苦手でした。それなのにポジションがキャッチャーだということでピッチャー陣と一緒によく「走り込み」をやらされたものです。ピッチャーは他のポジションよりスタミナや体のバネなんかが要求されますから走り込みが必要なのは分かります。でも（私の理解では）キャッチャーは極端に足腰が強い必要は（たぶん）ありません。一般にキャッチャーがピッチャーと一緒に走りこみをさせられるのはバッテリーの絆《きずな》を深めるためでしょう……閑話休題。

いずれにしても私はこの「走り込み」が大変苦痛でした。でも監督やチームメイトの手前サボるわけにもいきません。そこで少しでも気持ちが楽になる方法を考えました。私の通っていた学校は東京の九段下にありましたので「走り込み」のコースはいつも皇居でした。皇居は一周約5kmで学校までの往復は1～2km程度。全行程は6～7kmになります。

スタート地点に立ったとき約7km先のゴールを思うと、辛い気持ちになり走りたくなくなります。そこで私は**もっと手前にある建造物を「目標」に設定しました**。最初は皇居に隣接する武道館を目指します。武道館に着くと、次の目標は代官町の高速の入口です。その後は最高裁、海上保安庁、二重橋、パレスホテル、毎日新聞社……といった具合に次々と目標を設定していきます。一つの目標から次の目標まではだいたい1km弱でしょうか。この「目標」は自分で勝手に作ったものなのでそこに着いたからと言って、走るのをやめていいわけではありません。

でも人間というのは不思議なもので目標が達成できると、たとえそれが自分で作ったものに過ぎなくても、嬉しくなります。「よーし！　パレスホテルまで来たぞ！」と思えるわけです。この**喜びが次の目標を目指すモチベーションに繋がります。**そして小さな目標を何度かクリアするうちに、最初は地の果てに思われた（↑大げさ）ゴール＝学校にたどり着くのでした。

夏休みの失敗に学ぶ「小さな目標」の作り方

学生時代の夏休みを思い出してください。夏休みに入る前には、

「今年の夏休みは○○ができるようにしよう」

と普段はできないようなことを考えて大きな目標を立てませんでしたか？　宿題とは別に数学の問題集を1冊やりきってしまおうとか、腹筋が割れるまで筋トレしようとか、ギターをものにしようとか……。でも大きな目標というのは、当然達成するのが容易ではありません。あなたも一度や二度や三度は夏休みの入り口に立てた目標が達成できないうちに9月を迎えてしまった経験があるのではないでしょうか？（もちろん私にもあります！）。

夏休みは約1カ月半。決して短くはありません。その中で大きな目標だけを掲げてモチベーションを維持するのは相当の精神力が必要になります。ついつい、「まだまだ時間はあるな」と思ってしまったり、目標が大きすぎて具体的に今日何をして良いかが分からなくなってしまったり……。

そこで必要になるのがランニングの時に活躍した「**小さな目標**」です。**大きな目標から逆算した小さな目標を設定する。それが「大きな目標」を達成するコツなのです。**

例えば夏休みが40日としてその間に全部で200ページの問題集を1冊仕上げたいとしましょう。全部を40日で終わらせるためには1週間で何ページ進めば良いかを計算します。200÷40＝5ですから、1日あたり5ページ、1週間で35ページですね。はい、この「1週間で35ページ」が「小さな目標」になります。

1冊全部200ページと聞くと途方もない感じがしたとしても、1週間で35ページならなんとかなるような気がしませんか？　それにこれくらいの目標であれば「今日何をすべきか」も自ずと分かりますし、小さな目標をクリアできれば1週間毎《ごと》に達成感が得られて前に進む力が湧いてきます。

「だったら『1日に5ページ』を『小さな目標』にしたらいいんじゃない？」

という意見もあるかと思いますが、小刻みすぎる「小さな目標」はあまりお薦めしません。ノルマに「遊び」がなくなってしまうからです。5ページの中にとても難しい問題があって3ページで時間切れとなってしまう日があるかもしれません。そんなとき1日あたりのノルマを自分に課していると、

「あー、目標が達成できなかった……」と挫折感に苛《さいな》まれることになってしまいます。でも「1週間で35ページ」の目標であれば、「今日は難しかったから仕方ない。明日と明後日に6ページずつ進めよう」と前向きに対処することも可能です。

幸いなことに私は現在こうして本を執筆する機会を続けて頂戴しておりますが、日曜日以外の10時30分から22時30分の間は授業が詰まっておりますし（最近は少なくなったものの）指揮者としての活動もあります。講演や取材のご依頼も増えてきました。そんな私のスケジュールを知る人からは、

「よく本を書く時間なんてありますね」

「どうやったらこんなにたくさんの文章を書けるんですか？」

などと驚かれることも少なくありません。でも私は脱稿予定の日から逆算して1週間毎の「小さな目標」を立てていますので、少し頑張ればクリアできる「今日すべき

こと」を積み重ねているだけです。無理をしている感覚はなく、実際これまでに脱稿が予定より大きく遅れたこともありません。

言うまでもありませんが、大きな目標がなければ人は行くべき道を見失ってしまいます。せっかくこの世に生を受けたのに、ただ漫然と毎日が過ぎていってしまうのは勿体ないことです。大きな目標は、言わば見上げればいつも決まった場所にある北極星のようなもの。どうぞ大事に持っていてください。そして同時に小さな目標を作り、それを達成することでモチベーションを得て一歩ずつ前に進みましょう。

「**困難は分割せよ**」と言ったのはかの**デカルト**（**『方法序説』より**）ですが、いつかきっと大きな目標を達成するためにも「小さな目標」の活用をお薦めします。

「小さな目標」は積極的に修正する

まじめな人に多いようですが、一度目標を定めるとそれに固執しすぎてどんどん辛くなりやがて挫折してしまう人もいるでしょう。もちろん自分で設定した目標を大事にしてこれを守ろうと一生懸命になるのは大切なことです。でもそれにこだわるがあまり、大きな目標を達成できないようではまさに本末転倒。「小さな目標」は短い期間でその成果や可否が分かるのが特徴です。これを活かさない手はありません。「1週間で35ページというのはちょっと無理があったなあ。応用問題は後回しにしてまずは基本問題だけ拾いだしてやってみるか」とか逆に「まだ少し余裕があるぞ。1週間で40ページに挑戦してみようか」など、随時修正していくのです。これによってよりストレスが少なく、しかも効果的な「小さな目標」ができあがるでしょう。

また小さな目標として設定するノルマはできるだけ頑張りがいのあるものにします。すなわち**時間よりも内容でノルマを設定します。**

「1日に2時間問題集をやる」のように時間で目標を立てると、集中しようが気が散ろうがとにかく2時間という時間、机の前に座ることだけが目標になってしまいます。これではより集中して頑張ろうという気がなくなるでしょう。一方で「1日に5ページ問題集をやる」のように**内容で目標を設定すれば、頑張れば頑張るほど短い時間で済ませることができるので、集中力が高まり結果として学習効果も上がります。**

「大きな目標」は一度決めたらこれにこだわるべきだと思いますが「小さな目標」は「もっと良い目標にならないかな？」と常に工夫を考えて、**積極的に変更する**ことが大切です。

自信のつけ方

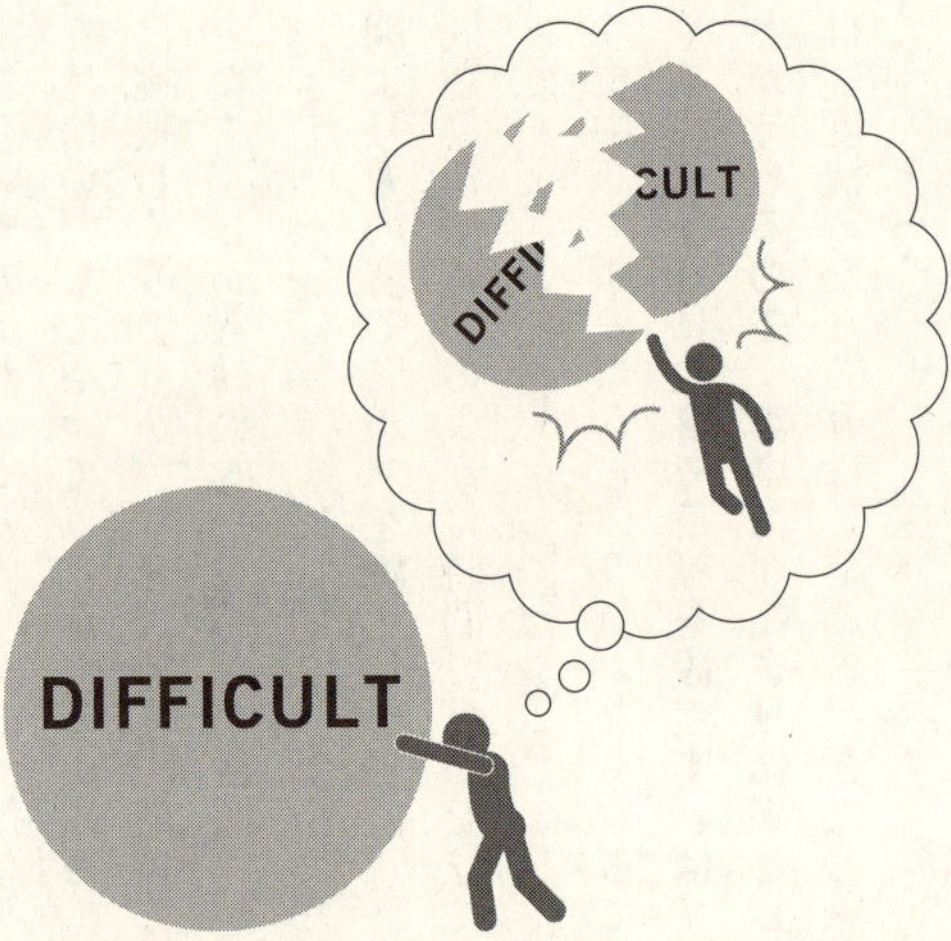

自分の力で解決した「成功体験」が
「やればできる」という自信を生む。

前節で「低い目標しか掲げられないのはモチベーションや自信が欠けているからです」と書きましたが、これらは「足りないよ」と言われて、はいそうですかと増やせる類《たぐい》のものではありませんね。特に自信については、

「どうしたら自信を持てるようになるだろうか」

と悩んでいる人は少なくないのではないでしょうか？

自己効力感

カナダの心理学者**アルバート・バンデューラ氏**は、「外界の事柄に対して、自分にも何かができそうだという感覚」を**自己効力感**（self-efficacy）と呼んで、これを持てるかどうかで目標を高く設定できるかどうかが決まると言っています。バンデューラ氏が提唱している、自己効力感を持てるようになるための4つの要因は次の通りです。

（1）達成体験（小さな成功体験を積み重ねる）

（2）代理経験（他人の成功を観察して自分にもできることを探す）

（3）言語的説得（他人から「君はできる人間だ」と言ってもらう）

（4）生理的情緒的高揚（気分の高揚）

このうち（1）と（4）は自分自身の問題で、（2）と（3）はその人がどのような環境にあるかに左右される要因です。ちなみに私の場合、父を観察することで知らず知らずのうちに（2）の「代理経験」を積ませてもらいました。また母は私を無条件に認めてくれるところがありましたので、（3）については母のおかげが大きいです。（4）はアルコール等の飲食や居心地の良い環境等でモチベーションが上がったり、ポジティブ思考になったりすることを言っています。

自己効力感すなわち「自分はやればできるんだ」という自信を持てるようになるためには（2）～（4）も大切ですが、最も重要なのは（1）の「達成体験」を積むことであるとバンデューラ氏は言っています。実は、私が数学教師の道を選んだのも――「自己効力感」については無知でしたが――**成功体験を積むことが自信を持って生きるため、ひいては幸せな人生を送るためには最も大切**なのではないかと考えたからです。

つい最近もこんなことがありました。

今年の初めに入塾してきた高校2年生（当時）の生徒は、入塾から遡《さかのぼ》ること半年前、昨年の夏休みの終わりに学校から「このままでは進級が難しい」と言われてしまいました。ネックはとにかく数学。これではいけない、と昔から通っている塾の時間を増やすなどして懸命に勉強したそうです。でも数学はまったく結果が出ません。そうなってくると年末頃には、

「数学が世の中から消えてくれたら」

「もうどうにもならない。まるで分からない」

「努力、努力って言うけど努力してもどうにもならないことがある」

といくら勉強しても理解できない自分にすっかり自信をなくしてしまったとか。

入塾後、実際に授業をしてみると確かに最初はチンプンカンプンの様子。でも、この彼が偉いのは決して自暴自棄にはならなかったところです。私の説明を根気強く聞いてくれましたし、分かったことは意地でも手放さないぞ、という気迫がありました。結果として3月の学年末テストではクラスの平均点を超え、無事に進級も決まり

ました。

私も彼のことは心配していましたので、進級が決まったことを知らせてくれたお母様からのメールには心底ほっとしました。以下は頂いたメールの抜粋です。

「学期末テストまでには時間も僅かの中、数回の限られた授業で定期テストでも頑張っただけの結果が出せたことに、息子も『永野先生のおかげ。今まで出会ったことのない先生。行って良かった』と申しております。日頃、感情をあまり表現せず、話もあまりしない息子が昨夜は祖母にも話していたようです。進級は先生との出会いなくしては得られなかった結果です。本当にありがとうございました」

実際、進級が決まってからこの生徒さんの表情は一変しました。今は受験生としてしっかりと自分の夢を持って頑張っています。

自分の力で解決できた成功体験こそが自信の源

数学という教科は誤った方法で勉強してしまうと全く成果が上がらないので、他の教科よりも挫折感を生みやすい教科であることは確かですが、逆に言えば数学ほど成功体験が積み上がりやすい教科は他にありません。

本書をここまで読んでくれたあなたならもうお分かりだと思いますが、定理や公式、解法の類を丸暗記することが数学の勉強だと信じこまされてきた人は、新傾向の問題を解くことができません。そういう「失敗体験」が重なってしまうと、人は自信を持つどころか、

「また知らない問題が出たらどうしよう……」

と不安ばかりを育ててしまうことになります。自ら不安の種を作っているようなものです。

逆に定理や公式の証明をきちんと理解し、解法についてはそれが生まれてきたプロセスに目を向けるような本質的な勉強をしていれば、未知の問題でも解決できる力が徐々についてきます。日々の問題演習やテストにおいて、**過去に経験が無い問題を自分の力で解けるようになる**のです。そうなってくると未知の問題を前にしても、

「きっとまた解決することができるだろう」

と思えるようになります。これこそが「自信」です。

ひとくちに「成功体験」と言っても、人から言われるままにやってクリアできたことは、大して自信にはなりません。自分でも「**これは難しいな**」**と思える問題を自分**

の力で解決できた経験こそ自信の源です。その自信が次の問題に立ち向かう勇気を生み、そしてまた次の成功体験に繋がります。

このように一度自信に繋がる成功体験を積むと**自信はどんどん増幅する**のですが、自信を持てないでいる人は問題に立ち向かう勇気も失いがちなのでなかなか成功体験を積むことができません。そういう人はますます不安な日々を送ることになってしまうでしょう。

学ぶことは人生の幸せに繋がっている

私のプロフィールをみた人は大抵「随分色々なことをやっている人だな」と思うようです。自分としてはどれも中途半端と言えば中途半端で恥ずかしい気持ちもありますし、一つのことに集中して生きてきたプロ中のプロと呼ばれるような方々のことは心から尊敬しています。ただ、これまで私はその時々にやりたいと思ったことに何でも挑戦してきたのでまったく悔いはありません。こんな風に生きて来られたのは——それが許される環境にいられたという幸運も多分にあるとは思いますが——どんなときも「無理そうだからやめておこうかな」とは考えなかったからです。

東大を目指したときも、宇宙研（現ＪＡＸＡ）に進もうと思ったときも、指揮者を志したときも、ソムリエの資格を取ろうとしたときも、そして数学塾を開こうと思ったときも……私にはほとんど不安はありませんでした。父から教わった勉強法で成功体験を積み重ね、自信を培うことができたからです。私は今年40歳になりましたが、この先も、もし今とはまったく違う何かがやりたくなったらきっと挑戦するでしょう。そう思うとなんだかワクワクします。

私の生徒たちも数学を通して本当の成功体験を積み、それを基に自信を持って生きていってくれることを願ってやみません。

「数学ほど成功体験が積み上がりやすい教科は他にない」と書きましたが、数学でなくても**「学ぶ」ことは全般に成功体験とその先にある自信に繋がっています**。ただしお仕着せの勉強や丸暗記ではいけません。勉強を自信に繋げるためには、ここまで繰り返し書いてきたような、**プロセスを見て「脳力」を鍛える本物の勉強であることが必要です**。そういう意味では、この本でお伝えしているのはトップを狙うための勉強法であると同時に、幸せな人生を送るための処方箋《せん》でもあると自負しています。

楽《らく》な方より楽《たの》しい方

楽しい方を選べば、
自ずと学習効果が上がる

高校2年生の秋。私は3年生で履修する社会科の科目を何にするかを考えていました。理系でしたが国立志望だったのでセンター試験で受験する社会科の科目を一つ選ぶ必要があったのです。候補は世界史、日本史、地理、公民の4つでした。前述の通り、記憶力には相当不安がありましたし、ただでさえ科目数が多いので、少しでも楽な（教科書が薄い）科目を選ぼうと、大方公民に決めかけていたのですが、一応父にも相談してみました。すると父は、

「一番興味が持てる科目にしたら？　公民は好きなの？　理系の学生にとって社会の勉強は息抜きみたいなものだから楽しいほうがいいよ」

と言うのです。

なるほど、と思いました。我ながら素直な息子です（笑）。そこで私はほぼ公民に決めかけていたのを白紙に戻し、結果として（教科書が最も厚い）世界史を選択しました。

私は当時、大学では宇宙論を学び、ゆくゆくはNASAに行きたいという夢を持っていましたが、それは「私たちはどこから来たのだろう？」「私たちは何者なんだろう？」「私たちはどこに行くのだろう？」という思春期なら誰もが抱くような疑問に

自分なりの答えを見つけたいと思っていたからでした。

ただし、仮に宇宙論で時間の始まりや終わりが解明できたとしても、今を生きる私たちがなぜこのような社会に生きているのか？　そして私たちの生活がこれからどのように変わっていくのかということについてまでは分からないでしょう。そういう言わば「地球に生きる人間」としての出自や行く末を探る鍵は歴史の中にこそあるのかもしれないと高校生の私は思い、歴史にも宇宙に感じるのと同じくらいのロマンを感じていました。実際、考古学者になりたいと思っていた時期もあったほどです。

それだけに、世界史の勉強はまったく苦になりませんでした。暗記科目は相変わらず苦手だったのでセンター試験でもそう高い得点を取ることはできませんでしたが、他の科目の足を引っ張るほどではなかったのです。何より有りがたかったのは興味の持てる世界史を選択したことで、父の言うとおり、世界史の勉強が息抜きになり得たことです。もし（あまり興味の持てない）公民を選択していたら、他の科目の勉強で息が詰まっているところに加えて義務的な勉強をしなくてはいけないことになり、苦しみが増えるだけだったような気がします。

楽な方から得られるものは少なくつまらない

よく「**水は低きに流れ、人は易きに流れる**」と言いますが、確かに私たちはついつい楽な方、易しい方を選択しがちです。長い階段のとなりにエスカレータが設置されていれば普通はエスカレータを使うでしょう。エスカレータが併設されていて特に混んでいるわけでもないのに階段を使う人はおそらく、上の階に移動するという以外の目的を持っています。普段から健康のために体を鍛えたり、ダイエットしたりしているはずです。

もちろんエスカレータを使った方が楽なことは間違いありません。でも敢えて楽ではない階段を選ぶことでなかなか体を動かす時間が取れないデスクワークの社会人も貴重な運動の機会を得ることができます。エスカレータという**楽な方から得られるものは少ない**のです。

それだけではありません。**楽な方はたいていつまらない**ものです。

想像してみてください。あなたはこれから一カ月間、毎日2時間算数の勉強をしなくてはいけない状況にあります。あなたには次のAとBの2つのコースから一つを選ぶことが許されているとしましょう。Aコースは「中学入試問題演習コース」で、Bコースは「低学年計算ドリルコース」です。さてあなたはどちらを選びますか？

Aコースで使う問題集には電車内の広告で見かけるような有名私立の問題が中心で、大人でもなかなか一筋縄ではいかないものが揃っています。Bコースの問題集に入っている問題は「3＋5」のような足し算レベルからせいぜい「12×4」程度の掛け算レベルまでです。

楽な方は間違いなくBコースですね。でもBを選ぶ人はあまりいないのではないでしょうか。だってそんな簡単な問題を延々一カ月もやらなくてはいけないなんてごめんですよね。**簡単すぎてつまらない**に決まっています。毎日の2時間が苦痛になるのが目に見えるようです。しかもこの楽なBコースを一カ月続けたからといって、あなたが何かしらの成長を遂げることはあまり期待できません。

一方、Aコースは解けたり解けなかったりして解けた時には喜びがあるでしょうし、解けなくても答えを見れば「あっそうか！」という発見もあり、きっと**楽しく一カ月を過ごせる**はずです（もちろんその人の算数レベル次第なので一概には言えませんが……）。もしかしたら、2時間以上やりたいと思う日もあるかも……。もちろんA

コースで一カ月を過ごした人は始める前より問題を解決する様々な考え方に親しみ、いくらかは確実に算数力（数学力）を伸ばすでしょう。

極端な例で恐縮です。でも勉強において「**楽な方を選ばない**」という姿勢は大変重要です。私はこれまでに「脳力」を鍛えるには脳みそに負荷をかけることが必要だと書きました。また前節では「これはちょっと難しいな」と思える問題を自分の力で解決するという成功体験が自信を育むのだとも書きました。いずれも楽な方を選んでいては達成できないことです。

私が通っていた小学校の校門には、

「困苦や欠乏に耐え、進んで鍛錬の道をえらぶ気力のある少年以外はこの門をくぐってはならない」

と掲げてありました。書いてあることの意味が初めて分かったときは随分と怖いことが書いてあるなあと思いましたし、19世紀に作られた学校らしく古臭い格言だとも思いました。でも今はこの言葉の意味するところがよくわかる気がします。これから成長しようとする若者にとって楽な道を選ぶことは何の益《えき》もないからです。

問題集の選び方

職業柄、色々なレベルの生徒に様々な問題をやらせてみてその効果を測る機会があります。私がまず気をつけるのは生徒にとって**楽過ぎない問題を用意する**ことです。教科書に載っている通りのことを繰り返せば解けてしまうような問題（数字を変えただけの問題）は、できるだけ早い内に卒業させます。教科書の数字を変えただけの問題は慣れてしまえば、退屈極まりないものです。また同じ方法を繰り返す機械的な作業に多くの学習効果は期待できません。

ただしだからと言って、生徒が全然解けないような問題ばかりを用意すると「失敗体験」が増えて生徒のやる気を削ぐことになってしまうので要注意です。**楽に解けるわけではなく、でも全然歯がたたないというわけでもない丁度良い頃合い**を用意するように努めています。

あなたも勉強をする時にはきっと問題集を使うでしょう。問題集を選ぶときの目安は「**6割は解けるレベル**」です。初見で7割、8割できる問題集をこなすのは楽だとは思いますが、あなたにはその問題集は簡単すぎます。得られるものが少ない上にな

により もすぐに飽きてしまうでしょう。逆に4割以上解けない問題集は、手応えがあって面白いという気分より、難しすぎる、分からないといったネガティブな気分が勝ってしまい勉強の意欲が下がりかねません。

勉強をする前から問題集のレベルを測るのは簡単なことではありませんが、本屋で立ち読みしてみて「**なかなか手強そうだぞ（ニヤリ）**」と思えるものは大抵レベルに合っています。「これなら楽勝だ」や「うへぇ、これは難しい！」と感じるものは避けましょう。

勉強は苦しいもの？

夏目漱石が読書について言及している文章があります。長塚節《ながつかたかし》の書いた小説『土』の序文に寄せた文章です。少し引用させてもらいます。

「余はとくに歓楽に憧憬《しょうけい》する若い男や若い女が、読み苦しいのを我慢して、此『土』を読む勇気を鼓舞する事を希望するのである。余の娘が年頃になって、音楽会がどうだの、帝国座がどうだのと云い募《つの》る時分になったら、余は是非此『土』を読ましたいと思って居る。娘は屹度《きっと》厭《いや》だというに違ない。より多くの興味を感ずる恋愛小説と取り換えて呉《く》れというに違ない。けれども余は其時娘に向って、**面白いから読めというのではない。苦しいから読めというのだと告げたいと思って居る。**参考の為だから、世間を知る為だから、知って己れの人格の上に暗い恐ろしい影を反射させる為だから我慢して読めと忠告したいと思って居る。何も考えずに暖かく成長した若い女（男でも同じである）の起す菩提心《ぼだいしん》や宗教心は、皆此暗い影の奥から射して来るのだと余は固く信じて居るからである」

さすがの名文です。特に「面白いから読めというのではない。苦しいから読めというのだ」のくだりが胸に刺さります。苦しいとはすなわち楽ではない、ということですから**読書を通して何かを学ぼうとするときも、やはり楽な方に流れてはいけないということです。**

これがあの夏目漱石の言葉だと聞くと、読者の皆さんは、

「やっぱりそうか。勉強というのは本来辛く苦しいものなのだな……（嫌だな）」

と感じるでしょう。

でも漱石だって、面白いから読むという読書の姿勢を否定しているわけではないと思います。そもそも読書好きになるためには面白いと思える本との出会いは必須で

す。漱石は、読書の喜びを知って本を読む習慣がついた後はより多くのことを学ぶために「苦しいから読む」ことも時には必要だと説いているのです。

とは言ってもまだ勉強の喜びを知らない人に、

「さあ、苦しめ！」

というのはあまりに酷《こく》です。よほどのマゾヒストでもない限り、ただ苦しいだけの勉強に向かうモチベーションを保つことは難しいでしょう。ですから私は――あなたがまだ勉強の喜びを知らないのなら尚更――こうアドヴァイスします。

「楽な方ではなく、楽しい方を選ぼう！」

迷ったら「楽しい方」を選ぶ

勉強に限らないことですが、「好きこそ物の上手なれ」の言葉通り何事も楽しめれば上達が早いものです。勉強が好きになれればこれに越したことはありません。ではどうしたら勉強が好きになるでしょうか？　例えば丸暗記ばかりをしていて勉強が好きになることはあるでしょうか？　丸暗記は、楽ではあるかもしれませんが、面白くありませんね。既に書きました通り、楽なことはためにならないばかりでなく、つまらないのです。**勉強においていつも楽な方を選択する人が勉強を好きになることはまずないでしょう。勉強はプロセスに目を向けること、そして未知なる問題を自分の頭で考えることを通して初めてその楽しさが分かります。**

勉強には「選択」がつきものです。

・問題集を買うとき↓簡単な方か少々手強そうな方か
・分からない問題があったとき↓すぐに答えを見るか時間をかけて考えてみるか
・新しい知識を得たとき↓結果を丸暗記するかプロセスを調べるか
・力を試したいとき↓前にやった問題をもう一度やるか新しい問題に挑戦するか
・次に勉強する科目を決めるとき↓苦手科目か得意科目か

など……。そんな時はどうぞ**楽な方**（**ｏｒ楽そうな方**）**ではなく楽しい方**（**ｏｒ楽しそうな方**）**を選んでください！**　そうすれば自ずと、より学習効果の上がる方を選ぶことができます。

PART 3

とっておきの〈あらすじ勉強法〉

あらすじ勉強法
（問題への取り組み方）

対象を俯瞰することで
解決の糸口が見えてくる

小さい頃、一緒にお風呂に入ると父はいつも、

「**今日はどんな本を読んだ？**」

と聞いてきました。当時私は1日に2時間以上は読書をする習慣があったので話す内容はたくさんあります。でも……特に最初の頃は話したいことがまとまらず要領を得ませんでした。私がたどたどしく説明しても父はうん、うんと聞いてくれましたが、せっかく読んだ本の面白さが伝わらないことを歯がゆく感じたものです。そこで本を読んでいるときから、

「この場面はどう話そうかな？」

と考えるようになりました。**本を読むのと同時に読んだ部分の要約を考えるようになったのです。**

父がどういうつもりでお風呂に入る度に読んだ本のあらすじを聞いてきたのかは分かりません（ただの暇つぶしだったのかも）。ただ、毎晩父にあらすじを話すことで、私は**対象を俯瞰**《ふかん》**する力すなわちものごとを抽象化する力**を育むことができたように思います。

できないときほど問題に没入してしまう

寝る前はどうしても分からなかった問題が、翌朝突然解けてしまった経験はありませんか？　あるいは深夜遅くまでかかった会議で良いアイディアが浮かばなかったことに不貞腐《ふてくさ》れて寝てしまった次の日、素晴らしいアイディアを思いついたということはありませんか？

私にはたくさんあります。塾の生徒を見ていてもよく思いますが、一つの問題をずっと考えていると――熟考すること自体は大変有意義です――誰でも視界が狭くなって、どうしても近視眼的な発想しか湧かなくなります。こうなるともう泥沼ですね。たいてい解けません。

しかし一度寝てしまえば問題との距離が生まれます。朝起きてふと解決の糸口が見つかるのは、前日に試行錯誤しながら考えたことを材料にしつつ大所高所から問題を捉え直すことができるからでしょう。

問題と真剣に向き合い、熟考することは脳みそに負荷をかけるという意味では大変に重要です。でも寝る前に解決して気持よくベッドに入るためには、意識的に問題との距離を取れるようになる術を身につける必要があります。

俯瞰こそ問題解決の第一歩

問題を解こうとする最初に必要なことは何でしょう？　それは**問題を対象化すること**です。

「そんなの当たり前だ」

と言われてしまいそうですね。でも実際は問題を与えると、途端に解こうとする人が多いことを私は知っています。過去に似たような問題を解決した経験があるのならともかく、まったく新しい傾向の問題なのにいきなり取り掛かり、闇雲に手を動かしても解決からは遠ざかるばかりでしょう。

対象化とは簡単に言えば相手を見ることです。当たり前ですが**相手を見るためには距離が必要になります**。例えば自分の顔は見ることができません。自分との間に距離がないからです。でも鏡を使えば距離が生まれるので、自分の顔も対象化されて見ることができます。

近視眼的に問題に没入してしまうと、距離が足りなくて焦点があわないのです。ピント合わせに失敗した写真のように対象がぼやけてしまいます。こんなときに必要なのは**距離をきちんと取って対象を俯瞰することです**。対象を俯瞰することこそ問題解決の第一歩だと言っても過言ではありません。

問題を俯瞰するためには対象を抽象化する

ではどうしたら問題を俯瞰することができるようになるでしょうか？

私は**「言葉にする」というのが最も簡単な俯瞰の方法**だと思っています。物語のあらすじを考えるときのことを思い出してください。例えば桃太郎のあらすじを考えようとすると、物語の細部からは離れて全体を俯瞰する必要がありますよね？　サルやキジがもらった団子の数はどうでもいいわけです（笑）。細部よりも物語が全体として何を伝えようとしているかを考えなくてはいけません。

問題と対峙するときも同じです。問題の内容を自分なりの言葉で「翻訳」しようとすると自ずと**対象との距離が生まれ、問題の「意味」を考えるようになります**。この頭の働きが結果として問題を俯瞰することになるのです。

私は常々国語力こそ数学力の源であると説いています。数学でも問題を対象化するためには言葉を使いますが、このときに使える言葉が浅かったり貧しかったりすると、高い次元で考察をすることはできません。実際、私がこれまでに出会った優れた科学者の諸先輩方はどなたも大変に高い国語力をお持ちでした。

はっとするような名言をいくつも残したアインシュタインの例を出すまでもなく、一級の科学者は本来ならば難しいことを中学生にも分かるような平易な言葉を使って的確に表現する能力に長けています。

対象の本質を言語化する力は、要するにものごとを抽象化する力に他なりません。

とは言っても、

「『抽象化』なんて言われても自信ないなあ……」

という人も少なくないはず。

「抽象化」の力を磨くには、**いくつかの具体例から共通する性質を抜き出す練習をする**ことをお薦めします。例えば、「2、4、6、8、10…」と続く数に共通する性質を「2で割れる数」と表現するのは抽象化です。もっと端的には文字を使って「2n（nは整数）」と表すこともできます。数学で偶数のことを「2n」と表すのは数学がいつも物事の本質を抽象化することを目標にしているからです。そのため数学を学ぶことは抽象化する能力を磨くことに直結します。がんばって数学を勉強してください……と書いて終わりにしてしまうのはこの本を手にしてくれた読者に不親切なので、ここでは——抽象化も含めて——対象を俯瞰する能力を磨く数学以外の課題をいくつか用意しました。気軽にやってみてください。

俯瞰の訓練

《課題その1》

次の（1）〜（3）のそれぞれのグループの中から仲間はずれを一つ答え、理由も答えなさい。

（1）a：雛《ひな》祭り　b：鯉のぼり　c：入学式　d：七夕
（2）a：猿　b：リス　c：ペンギン　d：馬
（3）a：シンバル　b：クラリネット　c：リコーダー　d：ラッパ

《答え》

（1）d：七夕　［理由］七夕だけが夏の行事。他は春の行事。

（2）c：ペンギン　［理由］ペンギンだけが卵生。他は胎生。
（3）a：シンバル　［理由］シンバルだけが叩く楽器。他は吹く楽器。

いかがでしたか？　なんだか小学校のお受験で出されるような問題ですが正解するには他の3つに共通する性質を見つける必要があります。先ほども書きました通りこの共通する性質を言葉にすることこそが抽象化です。例えば（1）の場合、「雛祭り」、「鯉のぼり」、「入学式」の3つに共通する性質を「春に行われる行事」と抽象化することで「七夕」が仲間はずれであることが分かります。

是非、日常生活でも身の回りの色々から「仲間はずれ」を探してみてください。**「何か違いはないか？」と考える頭の働きが自然と共通項を抽象化する訓練になります。**

抽象化の能力を磨くのは対象を俯瞰する感覚を身につけるためですが、次の課題は同じ「仲間はずれ」問題でも、言語化（抽象化）とはまた違った意味で対象を俯瞰することが必要な問題です。

《課題その2》

次の図形の中から仲間はずれを1つ選び答えなさい。

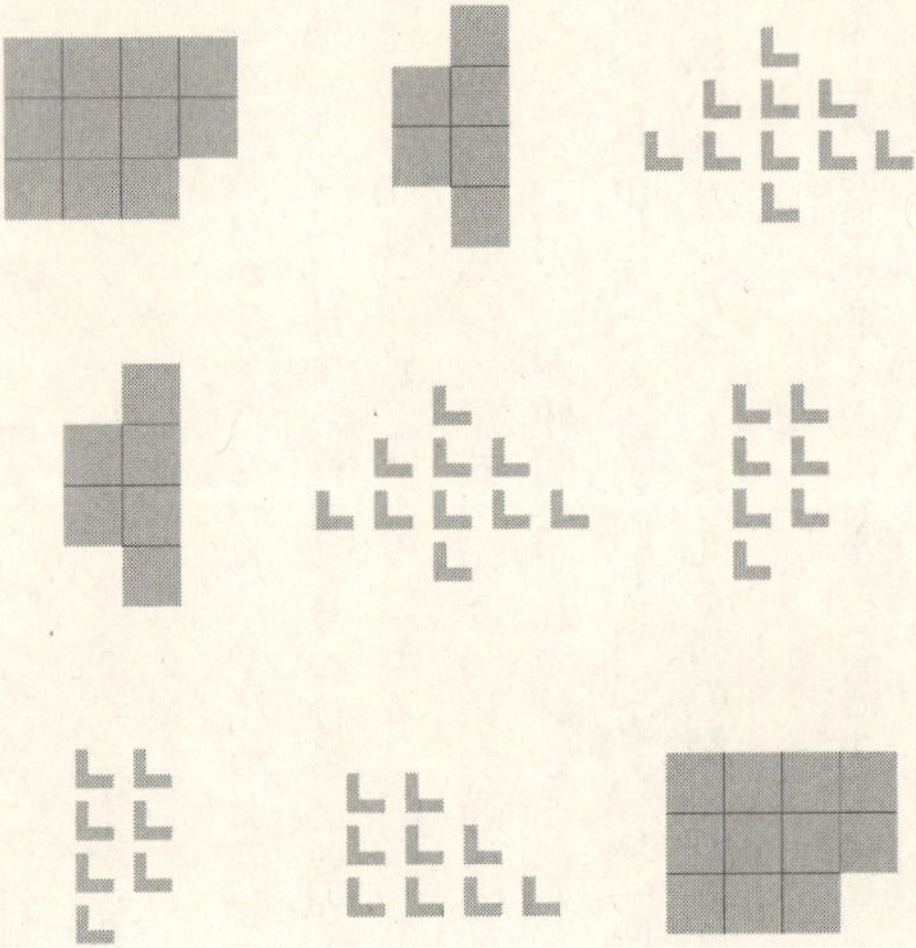

《答え》

最下段の真ん中　［理由］１つしかない。他の図形は２つずつある。

こちらはIQテスト等でよく出題される類の問題です。やはりこの問題もそれぞれの図形を近視眼的に見ているとなかなか正解できません。全体を見る視点、すなわち俯瞰する視点が必要です。

《課題その３》

今日一日であなたが学んだことを大学ノート１ページにまとめなさい。

《答え》

今日あなたは何を学びましたか？

今あなたが勉強している内容について新しく得た知識、新しい発想はどんなものでしたか？

あるいは今日あなたが目にしたニュースや友人・知人との会話の中で何かしらの

「気付き」はありませんでしたか？
要はなんでも構いません。
あなたが**「勉強になった！」と思ったことの「あらすじ」を是非ノートにまとめてみてください。**

ノート術については次々節に詳しく書きますが、「今日学んだこと」として参考書の重要なページを書き写しても意味はありません。できるだけ何も見ずに、自分の言葉でまとめてみてください。そうやって今日学んだことを自分なりの言葉で言い換えようとすることでその内容がより鮮明に浮かび上がるでしょう。時には分かったつもりになっていただけで、本当には理解できていなかったことが浮き彫りになるかもしれません。

ここまで問題を解こうとするときには、没入せずに問題を俯瞰することが大切だと書いてきましたが、俯瞰する力が役立つのは問題を解く時ばかりではありません。問題集の問題が解けなかった時や、《課題3》のように学んだ内容を復習する際にも大変有効です。

　そこで「俯瞰」を取り入れた勉強法を「**あらすじ勉強法**」と名付け、今節の「問題の取り組み方」に加えて次節では「問題集の使い方」を、次々節では「復習の仕方」をそれぞれお話ししたいと思います。

あらすじ勉強法
（問題集の使い方）

《正しい問題集の使い方》

問題をやる

↓

できない

↓

解答（の行間）を読む

↓

ポイントを考察
［できなかった理由を考える］

↓

ポイントを抽象化
［未知の問題に備える］

解答を俯瞰してポイントを抽象化すれば
未知の問題に備えられる

対象を俯瞰する力、本質を抜き出して抽象化する力が活躍するのは問題を解くときばかりではありません。ある問題ができなくて、その解答をみるときにも大きな力を発揮します。

あなたは普段、問題集とどのように付き合っていますか？　たくさん問題集をこなしているのに実力が上がらなくて悩んだことはありませんか？

永野数学塾の門をたたく生徒の多くは前述の通り、はじめは（この言葉は使いたくありませんが）「落ちこぼれ」です。そういう生徒に最初の面談で、

「いつもどうやって勉強しているの？」

ときくと、たいてい学校で配られている問題集を出して、

「この問題集を繰り返しやっています」

と教えてくれます。見るとボロボロで問題番号の付近には「正」の字で「3」とか「2」とか書いてあるようです。生徒は続けて、

「この間の中間試験の時は3回繰り返したのに（テストは）全然できなかったから、今度は4回やろうと思っているんですけど……」と言います。

酷なようですが、この生徒が同じ方法で4回やろうと10回やろうと成績は上がらな

いでしょう。それは彼や彼女に能力がないからではありません。問題集との正しい付き合い方を知らないからです。もっと言えば、問題集をやってある問題ができなかったときに、解答を俯瞰する力、抽象化する力が欠けているために努力が報われないのです。伸び悩む生徒がやりがちな問題集との付き合い方を次頁に示します。

普段こんな風に問題集に取り組んでいませんか？

残念ながらこれではほとんど学力は向上しません。なぜなら①〜⑥をただ繰り返しているだけでは「**なぜ自分はできなかったのか？**」という視点が欠けているからです。自分ができなかった理由すなわち自分に欠けているものが分からなければ、次の問題でもまた出来ないのは当たり前です。

試験に出ない問題を使って試験に備える

できなかった問題を、解答を読んだ後にもう一度やってみて解くことができれば、なんとなく賢くなったような気分になるのは分からないでもありません。でも解答を見た直後ですから、解けるのはむしろ当たり前です。仮にあなたの取り組んでいる問題集が、ある資格試験や入試の過去問題集だとします。この場合あなたができなかっ

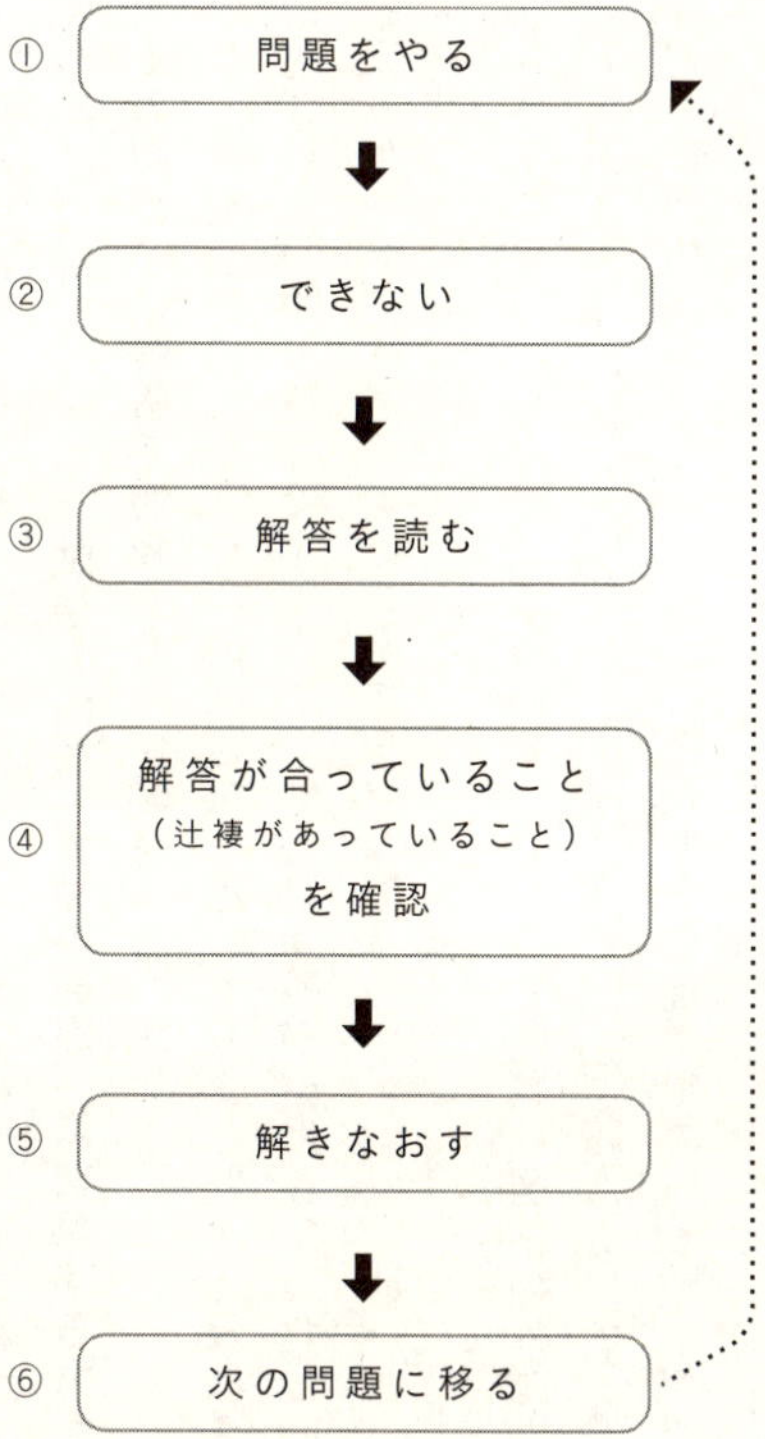
①
問題をやる
②
できない
③
解答を読む
④
解答が合っていること
（辻褄があっていること）
を確認
⑤
解きなおす
⑥
次の問題に移る

た問題は「試験に出ないことが分かっている問題」です（同じ問題が繰り返し出題される類の試験ではないとします）。そう考えると問題集に載っている問題ができるようになるだけでは不十分であることが分かるでしょう。大切なのはできなかった問題を通して本番の試験で解くであろう**試験の問題（未知の問題）に対処する力をいかに育むかです。そのためには解答を俯瞰する力が必要**になります。

以上のことを実感してもらうために例題を用意してみました。これは2013年に灘中で出題された問題と解答です。ここではこの問題が出来なかったという前提で、その解答から何を学ぶべきかを順に見ていきましょう。

いきなり数字のオンパレードでごめんなさい。この問題は灘中の入試ということでネットでも話題になり「心が折れる」「気持ち悪い」「大学生だけど灘中入れない……」などの声が相次ぎました。確かに挑戦するには勇気のいる数字が並んでいますね。

でももしこれが、あなたがこれから受ける資格試験の過去問だとすると、逃げ出すわけにはいきません。

《問題》次の問題の□にあてはまる数を答えなさい。（灘中 2013 年）

$$\left(\frac{1}{11}-\frac{1}{183}\right)\div 43=\left(\frac{1}{\square}-\frac{1}{671}\right)\div 167$$

《解答》

$$\Rightarrow \left(\frac{1}{11}-\frac{1}{183}\right)\times\frac{1}{43}=\left(\frac{1}{\square}-\frac{1}{671}\right)\times\frac{1}{167}$$

$$\Rightarrow \left(\frac{1}{11}-\frac{1}{3\times 61}\right)\times\frac{1}{43}=\left(\frac{1}{\square}-\frac{1}{11\times 61}\right)\times\frac{1}{167}$$

$$\Rightarrow \frac{3\times 61-11}{3\times\cancel{11\times 61}}\times\frac{1}{43}=\frac{11\times 61-\square}{\square\times\cancel{11\times 61}}\times\frac{1}{167}$$

$$\Rightarrow \frac{3\times 61-11}{3}\times\frac{1}{43}=\frac{11\times 61-\square}{\square}\times\frac{1}{167}$$

$$\Rightarrow \frac{\overset{4}{\cancel{172}}}{3}\times\frac{1}{\cancel{43}}=\frac{11\times 61-\square}{\square}\times\frac{1}{167}$$

$$\Rightarrow \frac{4}{3}=\frac{11\times 61-\square}{\square}\times\frac{1}{167}$$

$$\Rightarrow 4\times 167\times\square=(11\times 61-\square)\times 3$$

$$\Rightarrow 4\times 167\times\square=11\times 61\times 3-3\times\square$$

$$\Rightarrow (4\times 167+3)\times\square=11\times 61\times 3$$

$$\Rightarrow 671\times\square=11\times 61\times 3$$

$$\Rightarrow \cancel{11\times 61}\times\square=\cancel{11\times 61}\times 3$$

$$\Rightarrow \square=3$$

「解答」との付き合い方

正しい「解答」との付き合い方をみていくために、まずは準備として先の「解答」のポイントをいくつか挙げてみましょう。

《**解答のポイント**》

①闇雲に計算しない（×を残す）。

②（解答2行目）183＝3×61に気づく。

③（解答2行目）671＝11×61に気づく

④（解答3行目）両辺に出てくる11×61の相殺

⑤167が素数であることに気づく

⑥（解答5行目）172と43の約分

⑦（解答下から2行目）両辺に出てくる11×61の相殺

⑧解答の中で重要な役割を果たす「3」、「11」、「61」は2013の素因数分解「2013＝3×11×61」に登場する数字である。

解答のポイントとはすなわち「**自分ができなかった理由**」ですから、これを考察するだけでもやらないよりはうんと良いのですが、「未知の問題」に対する備えとしてはまだ足りません。**本当に必要なのは解答のポイントを俯瞰して抽象化すること**です。

①は既に本質的ですから良いとして例えば②、③、⑤のポイントを俯瞰してみると、これらに必要な力は、

「ある数の約数（割り切ることができる数）を見つける力」

と抽象化することができそうです。さらにこれは、

「ある数が素数であるかどうかを判定する力」と発展させられるでしょう。

ある数を素数かどうか判定する具体的な方法についてご興味のある方は、拙著『根っからの文系のためのシンプル数学発想術』（技術評論社）のあとがきを御覧ください。

また、⑧のポイントは自力で見つけるのが少し難しいかもしれませんが、もし気づくことができればこれを、

「出題年の数字に関する問題」

と抽象化することができます。そうすれば、

「もしかして灘中は毎年、出題年に関する問題が出されているのではないか？」と他の年の過去問を調べてみる動機にもなるでしょう（実際、灘中では出題年に関する問題がよく出ます）。ここまで来れば、自分が受ける年が2015年の場合は、「『2015＝5×13×31』であることに注意！」と対策を立てることもできるはずです。

……いかがでしょうか？　これこそが**俯瞰する力、抽象力を使った勉強です。**ただ解答を読み、解き直しただけの勉強とは比べ物にならない情報量であることが分かってもらえると思います。

「よくある問題」との付き合い方

私はこれまで、教科書に載っているようなよくある問題の解法をただ丸暗記することは無意味だと再三書いてきました。ではどの分野にもある「よくある問題」とはどのように付き合ったら良いのでしょうか？　教科書や同じ分野の問題集に必ず載っているような問題の解法には汎用性に優れたアイディア・発想が詰まっているものです。まずはその発想を捕まえるために解答のポイントを洗い出します。そしてそれらを先ほどの要領で抽象化します。

「よくある問題」に使う発想は抽象性も高いはずなので、いつもより距離を長く取って俯瞰してみましょう。繰り返しますが「よくある問題」の解法を覚えることに意味はありません。でもよくある問題の解法には未知の問題を解くために必要な本質が凝縮されています。

だからこそ「よくある問題」はきちんと解いておく必要があるのです。大切なのは解法を俯瞰してその意味を自分なりの言葉で言語化しておくことです。問題そのものや解法の意味を言葉にすることができれば理解が深まるのはもちろん、解法はもはや知識ではなくなります。

言語化に成功した解法は既に知恵に昇華していると言っても過言ではありません。

もちろんすぐにはできないでしょう。だから最初はこじつけでもいいんです。「あらすじ」をまとめる力が経験によって上達するように、解法の意味を自分の言葉で表現する力も繰り返し行うことで必ず上手くなります。あきらめずに是非挑戦してみてください。

「解答」の作られ方

この節の最後に、問題集に付いている解答というのがどういう風に作られているかを紹介しておきましょう。私はこれまで何度か知り合いの出版社に頼まれて「教科書傍用《ぼうよう》問題集」と呼ばれる問題集の解答を書いたことがあります。教科書の内容に完全に準拠しているこのような問題集や入試の過去問を集めた問題集などについては、ふつう複数の著者が解答を書いています。つまり全体の解答を丸投げされるわけではなく、「今回永野さんは2次関数のところをお願いします」

というように単元ごとに発注がくるものです。このとき、出版社も全体を決められたページ数にまとめる必要がありますから必ず「○○ページでお願いします」という分量の指示があります。改ページの都合があるときは「この問題は○○行でお願いします」という注文があることも珍しくありません。

そうなるとこちらは自分が最初に書いた解答のすべてを載せることはできなくなります。**泥臭い式変形や解答のプロセスは割愛してそのエッセンスだけを残したものに**

なりがちです。そうやって出来あがった解答はエレガントには見えます。でもその問題ができなかった読者からすれば、

「こんなの思いつきそうもない」

「なんで、この行の次にこれが来るわけ？」

「1行目からいきなりこんな風に始められるのは天才だけだろう」

等々、挫折感と劣等感を味わうことになってしまいます。申し訳ないです。でも読者の皆さんには印刷物として出回っている「解答」には大なり小なりこれと似た事情があることを忘れないで欲しいと思います。

ですから私はいつも生徒に、

「解答は行間を読むように！」

と言っています。

詩を読むのと同じ気持ちで筆者が伝えたかったことはなんだろう？　やむなく削ったであろう泥臭いプロセスはどんなものだったのだろう？　と想像するのです。もうお分かりだとは思いますが、これも解答を近視眼的に眺めているだけでは見えてきません。『行間』は解答全体を俯瞰することで初めて立ち上がってくるものです。

あらすじ勉強法
（復習の仕方）

《今日学んだことノート》
の作り方

「今日私は何を学んだか？」

を考える

抽象化

「自分の言葉」
でノートにまとめる

未来の自分に教えるつもりで
「今日学んだことノート」を作れば、
最高の復習になる。

学習の3ステップ

『論語』の中でかの孔子は学習における理想的な姿勢について次のように言っています。

「黙してこれを識《しる》し、学びて厭《いと》わず、人を教えて倦《う》まず」

現代語訳は、

「黙って聞いて物事を知り、学ぶことに飽きず、人に教えて嫌になることもない」

つまり、

「聞く→考える→教える」

の3ステップが学びの基本姿勢であるということです。

自分が知らないことを知っている人の話を聞いたり、本を読んだりすることが学びの第1ステップであることに異論のある人はいないでしょう。ただし、「黙して」というのは実はそんなに簡単なことではないかもしれません。先入観から、「こんなの簡単だ」

と高をくってしまったり、反対に、
「こんなに難しいことが分かるわけがない」
と怖気《おじけ》づいてしまったりすることが、学びの最初のステップを邪魔することはよくあることです。

新しい話をまっさらな心で聞けるようになるためには、学びの経験がものを言います。はじめは簡単に思えたことでも学んでみると案外奥が深かったという経験があれば最初からなめてかかることは自重するようになるでしょう。また最初はとっつきにくかったのに、歯を食いしばって頑張っているうちになんとかものにできた、というラッキーな経験がある人は次に難しいことに出会った時も勇気を持てるはずです。

残念ながらどちらの経験も不足しているという人は学びの入り口で疑心暗鬼になるのも仕方ありません。でも、先入観をもって学び始めることは百害あって一利なしです。ここは私のことを信じてもらって（あるいは騙されたと思って）本書に書いてある心構えとテクニックを頼りに、

「一丁、やってやりますか」

くらいの気軽さと覚悟をもって、深遠なるも楽しい学びの世界に入ることを強くお

薦めします。

第2のステップの「考える」が大変重要であることは、既に何度も述べた通りです。自分が学んでいることの意味やプロセスを熟考し、進んで脳みそに負荷をかける……これ以外に学問が自分のものになる道はありません。存分に「なぜだろう？」と考える時間を持ち、そして——できることなら——その時間を楽しんでください！

ただしこの第2のステップで学びを終えてはいけない、と孔子は言っています。「考える」のステップで止めてしまうと「脳力」を鍛えることはできても、肝心の内容はあまり頭に残りません。つまり知恵として定着する可能性が低いのです。では、新しく学んだ内容を「忘れたくても忘れようのない知恵」に昇華させるためにはどうしたら良いのでしょうか？

それを可能にするのが第3のステップ「教える」です。前に一級の科学者は本来ならば難しいことを中学生にも分かるような平易な言葉を使って的確に表現する能力に長けている、と書きましたがそれができるのは、優れた国語力に加えて、内容を本当に理解できているからに他なりません。逆に言えば、**中学生やお年寄りにも分かる言葉で説明できないようでは、まだ理解が足りない証拠です。**

何事も自分の言葉で説明しようとすれば、知識として結果を知っているだけでは不十分で、プロセスを分かっている必要があります。言い換えれば、**内容を俯瞰できていて自分の中で「知恵」になっていることでなければ、相手のレベルに合わせて自在に言葉を選んで話すことなどできません。**よくよく考え、悩み、学んだ内容を本当に理解しているかどうかを確かめるために、そして学びを真に成熟させるために、「教える」という第3のステップは欠かせないのです。

効果絶大だった「一人授業」

大学の先生として生涯教鞭《きようべん》を執り続けた父はよく、

「**教えている本人が一番勉強になるんだよ**」

と言っていました。「他人のやらない勉強の工夫」（41頁）を探していた高校生の私は父の言葉をヒントに、私は自分の勉強法の中で一番奇天烈な方法を思いつきます。それは一人カラオケならぬ「一人授業」です。

「教える」を積極的に勉強に取り入れるにはどうしたらいいだろう？　と考えていた私は、

教える→先生→授業→教室

と連想して自室に黒板とチョークを買ってもらいました（笑）。

自室を教室に見立てて気分を良くしていた私は新しく学んだことについてひと通りの理解ができたなと思うと、教科書やノートは閉じて、

「さあ、今日は2次関数のグラフについてやるぞお」

などと言いながら「授業」をしました。もちろん聞いている人は誰もいません。後から母に聞いたところによると、黒板を買ってあげたら、

「ここは大事なところだからよく聞くように！」

とか、

「質問ある人？」

などの大きな声が私の部屋から聞こえてくるようになって、

「あの子は大丈夫かしら」

と心配していたそうです……（ごめんなさい）。

家族には少々心配をかけましたが、父の言葉の通り「教える」は本当に勉強になりました。いざ「授業」をしてみると、どんなに完璧に理解したつもりでも必ず、

「あれ？　おかしいですねえ……」

と途中で頓挫したものです。そんな時は、

「ちょっと休憩！」

なんて言いながら「授業」を中断し、もう一度ノート、教科書、参考書を隅《すみ》から隅まで見直しました。そうすると、

「あー、ここが分かってなかったのか」

と自分の理解が足りないところが見えてきます。とにかく私はこんな風にして1つ1つのことについて理解を深めていきました。

読者の皆さんにも高校生の私がやっていたような自作自演の「一人授業」は大変オススメですが、そうは言っても自室に黒板やホワイトボードを用意するのは少々ハードルが高いでしょう。もちろん実際に教えさせてくれる友人がいれば、それは「一人授業」よりもさらに効果が望めます。しかし、毎度毎度ではそのうち友人にも鬱陶《うっとう》しがられてしまいそうです。

そこで誰にでも実践できて「一人授業」とほぼ同じ学習効果が得られる、とっておきの方法を紹介しましょう。

ノート禁止の伝説の授業

……とその前に、もう一つ高校時代の私の体験をお話しさせてください。

私が高校生の時はいわゆる「予備校全盛時代」でした。各予備校の名物講師は軒並み年収一億円を超えていたと思います。そんな中、駿台予備校の物理に坂間勇という先生がいました。以前から評判を耳にしていた私は苦労して講習を予約し、期待に胸を膨らませて初日の授業に臨みました。

始業ベルが鳴り、教室に現れた坂間先生の最初の言葉を、私は今でもはっきり憶えています。

「**ノートをしまいなさい。私の授業ではノートをとることを禁止します**」

耳を疑いました。やっとの思いで予約が取れたのに、親にお金も出してもらっているのに、それなのにノートをしまえだなんて……。ざわつく私たちに先生は続けておっしゃいました。

「**その代わり、私の言うことを一言漏らさず聞いていなさい。そして家に帰ってすぐそれをノートにまとめなさい**」

坂間先生というのはどこか仙人のような風貌《ふうぼう》で、逆らうことは許されない雰囲気を持っていたので、私たちはみな、しぶしぶ先生の言葉に従いました。当然、その後はただ授業を聞くしかありません。ところがこの坂間先生の授業というのが、本当に刺激的でした！

余談ですが、日本の高校で教わる物理の根幹はニュートンが体系立てたいわゆる「ニュートン物理学」です。そして言わずもがなニュートンは微分積分で世界を紐解《ひもと》いた最初の人です。それなのに文部科学省の定めた指導要領では昔も今も高校物理は微分積分を使わずに教えることになっています。結果として高校の物理の教科書は微分積分の「び」の字もなく書かれていますので、その説明は分かったような、分からないようなものが多く、微分積分を使わずに物理を学んでいると公式が出てくる度に、「世界はこうなっているのだから暗記しなさい」

と言われている気分になったものです。

しかし坂間先生の授業は微分積分を使いまくる授業でした。初めて微分積分で「現象」を解き明かす様子を見た時の感動を私は決して忘れないでしょう。それまで機械的に暗記させられていた公式の数々が、有機的に結びつき物理学全体が一本の大樹のようになって姿を現したのです。その様は世界の美しさそのものであり、この宇宙は神が創り給うたのだと信じるに十分な感動体験でした。

私は興奮しました。そうボクシング映画を観たあとのような状態です。私は一目散に自宅に戻り、着替えもそこそこに夢中でノートを書きました。耳の奥に残る先生の言葉、先生の話を聞いて自分が「ああそうか」と気づいたことなどを必死に綴《つづ》っていったのです。

未来の自分が読みたいノートを書く

さて突然ですが、あなたがノートを取るのは何のためですか？　学生のうちは、

「私は授業を聞いていますよ」

と先生にアピールするためだけにノートを取っていた、という人もいるでしょう。

でも社会人や大人がノートを取るのは、言わずもがな「後で見るため」ですね。

書店に行くと本書のような「勉強法」の本の近くには必ず「ノート術」の本が置いてあります。どれも情報を効率的に整理し、それらを頭に入れるためによく工夫されていると思いますし、ひところ流行った「東大生のノートは美しい」にもあるように

賢い人のノートに特徴があるのも事実でしょう。ただ個人的には、「決まり」が多すぎるノートはそのようなノートを作ることに縛られて、肝心の内容を考える時間が失われるような気がします。

私にとっての最高のノートは**「未来の自分が読みたいノート」**です。ノートは、書き方も内容も未来の自分が好ましく思うものであるべきだと思います。

高校時代の私が坂間先生の「伝説の授業」を必死でノートにまとめたのは誰のためでもありません。自分のためです。聞いた直後ならよく憶えていても1週間、1カ月、数カ月が経った頃にはきっと忘れてしまいます。

だから私は**未来の私に「こんなに素晴らしい話を聞いたよ」と教えてあげるつもりで書いていました。**何と言っても自分のためですから微に入り細を穿《うが》って親切に書いたものです。授業では触れなかった内容についても自分が知りたいと思いそうなことは自分で調べて書き添えることもしました。当時は授業で聞いた宝物のような話を失いたくない一心でノートを書いていたのですが、今から思えばこのノートにまとめる作業自体が大変勉強になりました。

つい一時間ほど前に聞いたばかりだとは言っても、先生のおっしゃった言葉を一言一句憶えているわけではありません。結局は自分が理解した内容を自分なりの言葉で書くことになります。

もうお分かりですね？

私は坂間先生の授業ノートをまとめる作業を通して、**自分の言葉で――未来の自分に――「教える」という学びの第3ステップを疑似体験**していたことになるのです。

いかがでしょうか？　自室に黒板やホワイトボードを揃える「一人授業」や、毎度教えさせてくれる友人を見つけるのは難しくても、未来の自分のために学んだことをノートにまとめることは簡単ですよね？

「今日学んだことノート」を作る

と、言うわけで一日の終わりに行う復習には「**今日学んだことノート**」を作ることをお薦めします。ノートの書き方自体はあなたの好きな方法で構いません。大切なことは必ず「**自分の言葉**」**で書く**ことです。授業ノートや参考書の文章を丸写しするのはほとんど意味がありません。

まずは目を閉じて（閉じなくてもいいのですが）、

「今日私は何を学んだのだろう？」

と考えてみてください。ちょうど**読んだ本のあらすじを考えるのと同じ要領です。**

「あらすじ」なので内容はできるだけ抽象化（俯瞰）することを目指します。と言っても、難しく考える必要はありません。例えば「$(a+b)(a-b)=a^2-b^2$」という展開公式を学んだのなら、

「和と差の積は美しい（シンプルな）形になる」

と言葉にできれば十分です。これだけでも、数式（文字の羅列《られつ》）を近視眼的に眺めてただ暗記しようとするよりはうんと印象が強まります。「今日学んだことノート」にはこうして捻り出した言葉を書いていくのです。もちろん時にはどうしても学んだ内容を抽象化できない（うまく言葉にできない）こともあるでしょう。そんな時はもう一度、授業中のノートに戻って、どこかに抽象化できるヒントはないか、と考えましょう。これも大変良い復習になります。

また今日学んだことを未来の自分に教えてあげるつもりでノートにまとめていると、新しい疑問が生まれることもあります。そこはあなたの理解が不足しているとこ

ろです。すぐに解決しなさそうな疑問なら、

「こういうことに疑問を持った」

とそのままノートに書いてもいいのですが、できれば少しでも解決するように色々と調べてみましょう。そして分かったことがあれば、もちろんそれも分かりやすい言葉でノートに書いていきます。

未来の自分のためにその日に学んだことを自分の言葉でノートにまとめる作業は、ものごとを俯瞰する訓練になるだけでなく、学びの第3ステップ「教える」まで効率よく進むことができるのでとても良い復習になります。是非、寝る前の30分〜1時間を「今日学んだことノート」にまとめる時間に充ててください。今までとは比較にならないくらい学びが深まるはずです。

キッチンタイマー勉強法（時間術）

《キッチンタイマー勉強法》

50分：勉強 ＋ 10分：休憩

⬇

50分：勉強 ＋ 10分：休憩

⬇

50分：勉強 ＋ 10分：休憩

⋮（繰り返し）

たくさん勉強するための
戦略を持ち、
自分自身を知れば、
人生が変わる！

「人生を変える方法は三つしかない。一番目は時間配分を変えること。二番目は住む場所を変えること、三番目は付き合う人を変えること。どれか一つだけを選ぶとしたら時間配分を変える。これがもっとも効果的だ。逆に一番無意味なのは『決意を新たにする』こと」（大前研一）

〔出典：『時間とムダの科学』プレジデント社〕

私は塾で数学を教えることと平行して「勉強法カウンセリング」というものも行っています。勉強法そのものに特化したこのカウンセリングの中で、成績が伸び悩む生徒に私はよく次のようにアドヴァイスします。

「『明日から頑張ろう』なんていくら思っても、大抵は何も変わらないものだよ。それよりも家の人が明らかに『変わったな』と感じるように時間の使い方を変えてごらん」

例えば、それまでは遅刻ギリギリに起きていたのに、ある日から30分早く起きて勉強するようになれば、家族は必ず変化に気づくでしょう。もちろん「もっと頑張ろう」と思うこと自体は大切なことですが、そう思うだけなら誰でもできます。そして決意だけでは結果はついてこないものです。でも一日の生活の中で時間の使い方を変えれば確実に今までとは違った結果が出ます。経営コンサルタントとして著名な大前氏の言葉の通り、時間の使い方を変えれば人生は変わります。勉強においてもこれまでと違う成果を出したいのなら、一番即効性があるのは時間の使い方を変えることです。

1日14時間の勉強

昭和15年生まれの私の父の世代はとにかくよく勉強をした世代だと思います。「四当五落」という言葉が流行って、4時間睡眠で頑張る受験生は合格するが、5時間以上眠る受験生は落ちると言われていたとか。でも父は、自分が十分睡眠を取らなければ日中の集中力や効率が落ちるタイプであることを知っていたので、頑として8時間は睡眠時間を確保していたそうです。ただし、

「**1日に14時間は勉強したよ**」

と言っていましたから、起きている間はやはりモーレツに勉強したのでしょう。起きている16時間中14時間を勉強に充てていたということは、残りの2時間で3度の食事と風呂等をすませているということです。そんなことできるはずがない！　と私は思っていました。でもいざ自分が受験生になってみると父と同じだけやりたくなりま

す。私も睡眠不足には弱かった（今は強くなりました！）ので、8時間の睡眠は確保しつつ1日に14時間勉強するにはどうしたらいいかを考えました。

キッチンタイマー勉強法

私は台所にあったキッチンタイマーを使いました。方法は次の通り。

勉強机の片隅にキッチンタイマーを置いてまずは50分にセットします。そして50分後にタイマーが鳴ったらどんなに中途半端でも必ずペンを置きます。ちょうどテストの時に試験官から「はい終わり〜！」と言われたときと同じような感じです。そしてすかさずタイマーを10分にセットします。この10分の間は決してペンを持たず、トイレに行ったり、飲み物を飲んだり、体をほぐしたりして休憩してください。タイマーが鳴ったらすぐに机に戻りましょう。その後は以上の「**50分**（**勉強**）**＋10分**（**休憩**）」のセットを繰り返します。

キッチンタイマーを使ったのは、簡単に時間を測れる道具が他にはなかったからです。今であれば携帯やスマホでももちろんいいでしょう。

私は「50分（勉強）＋10分（休憩）」の1サイクルを消化する度に「1時間勉強した」とカウントすることにしていました。自分自身にそう暗示をかけたのです。もちろん本当は10分足りませんが、このサイクルであればそう無理をしなくても1日に13～14回は繰り返すことができます（是非、やってみてください）。私は自己暗示によって父と同じだけ勉強できたという満足をもって眠ることができました。それは精神衛生上とても良いことでした。

「キッチンタイマー勉強法」にはたくさん勉強できるということ以外にも効能があります。それは**50分という時間の感覚が体に染み込むことです。**時計を見なくても50分が経った頃に「そろそろ終わりだな」と察するようになります。一方、一概には言えませんが、センター試験をはじめ試験時間は60分であることが少なくありません。そういうテストでは50分感覚で「そろそろ……」と思っても実際にはまだ10分残っていますので得をしたような気分になれます。私は受験生時代、普通なら焦りの生じる残り10分の時間帯に心に余裕が持ててミスに気づくことがよくありました。

「疲れる前に休む」ことが大切

「キッチンタイマー勉強法」のポイントは**勉強も休憩もタイマーが鳴ったらピタッと止める**ことです。決して「区切りのよいところまで」なんて思ってはいけません。

長距離走を思い浮かべてもらえれば分かると思いますが、最初に全速力でダッシュして勝つ人はいないですね。長距離走に勝つ人は必ず**スタートの時から「長く走る」ための戦略を持っています**。長い勉強時間が必要なときも同じです。大切なのは瞬発力よりも持久力なのです。

一日中勉強する時間があるとき、午前中は、

「よおし、やるぞお」

という気合のもとに2時間とか3時間ぐらいぶっ続けで勉強してしまったことはありませんか？　そういうときは大抵かなり集中しているのですごく疲れます。

「疲れた～～。休憩しよう」

となるのも無理はありません。自然と休憩は長くなるでしょう。こういうとき10分や20分程度では勉強に戻る気にはなれないものです。

「集中したからなあ」

と（誰に聞かれたわけでもないのに）自分自身に言い訳しつつ、ついつい1時間も2

時間も休んでしまった経験は誰にでもあると思います。

こうなると机に戻るためにはモチベーションを一から作りなおす必要があります。それが大変困難であることは皆さんもご承知の通りです。しかも休憩が長くなると「休憩することに疲れた」という本末転倒なことにもなりかねません。ですからしっかりと時間を区切って「**疲れる前に休む**」ことが大切なのです。

どうぞ「キッチンタイマー勉強法」を長い時間勉強するための戦略としてお役立てください。

ゴールデンタイム

私の手元に「全比較！　年収『1500万vs400万』の日常習慣」という記事があります。これは2011年に雑誌「プレジデント」の編集部が600人のビジネスマンに対して行ったアンケートの結果をまとめたものです。

目についたのは「**一日のうちで、自分が最も集中できる時間帯・場所を把握し、積極的に活用しているか？**」という項目。結果を見ると、年収1500万円以上では52・5％の人が「はい」と答えているのに対して、400万円台では「はい」と答えている人は37％に留まっています。また「**集中モードに入るコツを持っているか？**」という項目では1500万円以上では23・3％の人が「はい」と答えていて、これは400万円台の人（「はい」は7・4％）の3倍以上です。単純に年収だけで比較することはできないとは思いますが、成功者と呼ばれる人の多くは自己分析に長けているようです。

あなたは1日のうちに自分が集中できる時間帯、集中できない時間帯を知っていますか？　ちなみに私の場合、食後は決まって勉強がはかどりません。消化のために血液が胃に集中するせいか、食べたすぐ後は頭が働かない気がします。反対に食事の直前の空腹時は集中力が増して頭も働くようです。

そこで私は高校時代から空腹の時間を「**ゴールデンタイム**」と呼んでいました。そして頭を使う科目（数学、物理、英語、現代文など）は食事の前のゴールデンタイムに勉強し、暗記科目は食後に持ってくるようにして効率アップを図ったものです。またどうしても長い休憩が欲しい時には「ゴールデンタイム」は避けて食後に取るようにしていました。

でもこれはあくまで私のケースです。空腹だとかえって集中力がなくなるという人もいるでしょう。「ゴールデンタイム」は人それぞれだと思います。大切なのは**色々と試してみて自分自身をよく知ることです。**

勉強をする場所についても同じことが言えます。私自身は誰もいない自室が一番集中できるのですが、人によっては人の目がある図書館や予備校の自習室のようなところの方がはかどる、ということもあります。電車の中が一番いい、という人もいるようですね。

さらに音楽などを聞きながら勉強するいわゆる「ながら族」についても様々な意見があります。高校時代の私は、なんとなく「ながら族」はよくないと思っていて、勉強中は音楽を聴かないようにしていましたが、東大の同級生の中にはハードロックをがんがんにかけながら数学や物理の難問を解いてしまう天才的な人もいました。

カルフォルニア大学ロサンジェルス校（ＵＣＬＡ）の学者らが中心に進めている最近の研究によると、音楽の種類を選べば、音楽を聞きながら勉強や読書、仕事をすると集中力を最大４００％高めることができるそうです。

いずれにしても自分が集中できる時間（ゴールデンタイム）**、場所、環境等についてよく自己分析をすることは効率のよい勉強のためには欠かせません。**

科目の比率

この本の読者の中には、大学再受験をする予定の社会人の方や受験生のお子さんをお持ちの親御さんもいらっしゃると思いますので、特に大学受験における科目ごとの時間配分についても少しお話ししておきます。

私は数学塾を経営していますが、それでも受験勉強の中心は英語におくべきだと思っています。昔からよく言われますように、やはり「英語を制する者は受験を制する」のです。父もよく、

「**お父さんは受験生時代、英語の勉強には全体の半分の時間を割いたよ**」

と言っていました。国立理系を受験する場合、勉強する科目数は10近くになりますので半分の時間を英語に使うというのは随分と偏っています。でも、やはり英語にはそれだけの時間をかけるべきです（私もそうしていました）。なぜでしょうか？

難関大学においては理数系科目（特に数学）では語り草になるような「超難問」が出題されてしまうことがあります。例えば1988年に出題された東大の問題（四面体に真上から光をあてたときにできる影〔正射影《せいしゃえい》〕の面積の最大値と最小値を求める問題で

した）は試験翌日の各予備校の解答がすべて異なっていた「伝説の難問」でした。そういう問題は数学の偏差値が70を超えるような人でもおそらくできません。相当数学が得意な人でも数学が武器にならずに他の受験生と差をつけることができなくなってしまうのです。

しかし、英語ではそういう問題が出題されることは極めて稀で、実力通りに点数がばらけます。英語を得意科目にしておけば、どんなときもしっかりとライバルに差をつけることができるでしょう。私立型の人はもちろん、科目数の多い国立型の人でも1日の勉強時間の半分は英語に費やすことをお薦めします。

やる気が出ないときの対処法

一日の中で一番集中力を発揮できるゴールデンタイムになったのに、「勉強しなきゃいけないのはわかっているけど、どうしてもやる気がでない」というときがあります。人間ですからそういう日があるのは仕方がありません。でもだからと言って、やる気が出るのを気長に待とう、などと悠長なことは言っていられない人も多いでしょう。そこでやる気がでないときの対処法を紹介しておきます。

やる気は脳の「**側坐核**《そくざかく》」という場所でつくられます。側坐核を活動させるためには刺激が必要です。やる気がでないときに、いくら待ってもモチベーションが高まらないのは、待っているだけでは側坐核は刺激されないからです。

ではどうしたら「側坐核」を刺激することができるでしょうか？　それには簡単に始められる「関連する作業」を行うのが良いとされています。

仕事が憂鬱《ゆううつ》な朝でも、デスクに座ってメールをチェックしている内にだんだん集中力が高まってきた、という経験はきっとあなたにもあるでしょう。単純作業を通して気分が高まる現象は心理学者のクレペリンによって発見され「**作業興奮**」と名づけられています。何ごとも始めてしまえば少しずつ調子が出てきて集中できるようになりますね。これが作業興奮です。

勉強の場合、私がおすすめするのは、**机の上を片付ける**ことです。側坐核を刺激して勉強のスタートを切りやすくするためには、前日の勉強の最後や休憩前に机は片付けないほうがいいかもしれません。机の上を片付けたら綺麗《きれい》になった机の上に**とにかく参考書やノートを拡げてしまいましょう。**ここまでの作業を通して既に「側坐核」は何かしらの刺激を受けていますから、最初よりはやる気が出てきているはずです。

それでも、机を綺麗にしても、参考書を拡げても、どうしてもやる気がおきない日が時にはあります。よほど体や心や頭が疲れているのでしょう。そんな時は、

「明日からまた頑張るために、今日は休もう！」

と自分自身に宣言し、思い切ってまったく勉強しない日にしてしまうというのも、悪くありません。

早起きのコツ

忙しいビジネスマンにとって勉強をする時間を確保するのは大変なことだと思います。特に日中は会社や商談相手の都合に合わせる必要があって勉強をするなら出勤前の朝しかない、という人は多いでしょう。でも早起きが苦手な人もいますよね？ 実は早起きには心理学を応用したコツがあります。まずは次の問題を考えてみてください。

《問題》
明日は朝一番で大事な会議があり、会議の前には資料に目を通しておきたいと思っ

ています。さて朝寝坊をしないために、あなたが前日の夜にすべきことは次のA〜Cのうちどれでしょうか？

A：何もせずに寝る
B：資料を半分読んでから寝る
C：資料を全部読んでから寝る

《答え》B

小さいころはよく「次の日の用意は前の日に済ますように」と言われましたから、まじめな人はCを選んだかもしれませんね。Aを選んだ人は早起きに自信があるか、または度胸が座っている人でしょう。しかし**一番朝寝坊のリスクが少ないのはBです。**Bのように資料を半分しか読んでいない状態でベッドに入ると、

「まだ読み終わっていない」

と思いながら寝ることになりますが、この意識が早起きを助けてくれるのです。

誰でも告白してきっぱりフラれた失恋より、告白できずに片想いで終わってしまっ

た恋の方が忘れられません。人は未完の部分が残っている事柄に対して強い意識が働き、脳に強い印象が残るからです。これを心理学では「**ツァイガルニック効果**（**Zeigarnik effect**）」といいます。

ツァイガルニック効果を早朝の勉強に応用するには前の日の晩に「やりかけ」の状態で眠ると良いでしょう。「今日学んだことノート」（132頁）を作ったあと10分〜20分くらい新しい問題を解いたり、新しく学ぶ内容について教科書等を読んだりするのです。こうすると次の日の朝に早起きして続きの勉強を出勤前にできる可能性が高まります。限られた時間を有効に活用するためにも是非試してみてください。

PART

4

知識を知恵に変える〈最強の記憶法〉

主体的に学ぶ
(徹底的に調べる)

《主体的勉強法の3ステップ》

プロセスを見る
[PART1　3節]

↓

「なぜ?」を増やす
[PART1　4節]

↓

徹底的に調べる
[本節]

徹底的に調べることで
主体的に学べば
「知識」は「知恵」に昇華する

「リーダーシップ論」の権威であるスティーブン・R・コヴィー氏が1996年に著した『7つの習慣』は全世界で2000万部を売り上げた驚異のベストセラーです。ビジネス書に興味のある方なら目を通したことがあるのではないでしょうか。その『7つの習慣』の中で最初に紹介されている第1の習慣は「主体性を発揮する（Be Proactive）」です。人間は赤ん坊という全面的に他者に依存する存在として生まれますが、そこから自立へと向かい「私的な成功（Private Victory）」を得るためには、主体的であることが基本になるのはよく分かります。

環境や刺激に対して受け身でいる人が取る行動は無意識で反射的なものです。自分のとった行動に責任を持てないので、結果が好ましくない場合はそれを誰かのせいにしてしまいます。このような人が成長する機会を得る可能性は高くありません。

一方、環境や刺激に対して主体的に行動できる人にとってはどのような結果もそれは自らが選択した「未来」です。すべての行動には理由があり、責任が持てるので失敗を次の成功の糧《かて》にすることができます。

一般に**受け身の人はとかくネガティブになりがちで、主体性のある人は逆にポジティブになれる傾向にあると言えるでしょう。**

主体的勉強のススメ

実は勉強もまったく同じです。受け身の姿勢で勉強している人は自分の成績が伸びないことを、

「自分の頭がわるいのは親から受け継いだ遺伝子のせいだ」

「教師が悪い」「本が悪い」

「静かに勉強できる場所がない」

などと他者のせいにしてしまいます。しかしこのような考え方の人はどのような環境にあっても不平や不満を口にするものです。望むものを足元に探そうとしない人が、遠くにあるそれを見つけられることはないでしょう。聖書にも、

「探しなさい。そうすれば、見つかる。門をたたきなさい。そうすれば開かれる」

(マタイによる福音書　7章7〜8節)

とあります。成績を伸ばしたいのなら、自らそれを欲することです。ただ待っているだけで勝手に成績があがることはまずありません。

そもそも、受け身の勉強は、楽かも知れませんが人から言われてする勉強ですから

面白くありません。私がこの本の最初に勉強ができるようになるために「孤独感」と「危機感」を持ちましょう、と書いたのは受け身の勉強から脱却して、自らの意志で最初の一歩を進めて欲しいからです。

また勉強の内容そのものについても結果を丸暗記するのは典型的な受け身の勉強ですが、「なぜだろう?」と自ら疑問を持ちプロセスに興味を持つことは調べることに繋がります。後述するように**調べることは主体的な勉強の基本です**。楽しく勉強するためにも興味を持ったことを自ら調べようとする主体的な姿勢は欠かせません。

主体的勉強の英才教育を受けたエジソン

エジソンが3カ月しか小学校に行かなかった話は有名です。幼いころのエジソンは大変好奇心が強く他の人が常識として気にもとめないようなことに対しても「なぜだろう?」と疑問に思わずにはいられない子供だったそうです。エジソンがあまりにも質問を連発するので、小学校の先生は「エジソンの頭はどうかしている」と音をあげてしまったとか。

素晴らしかったのはエジソンのお母さんです。彼女は「授業の邪魔をしないように」などとエジソンを叱るのではなく、息子の素質を大切にしてくれない学校に愛想を尽かし、自分で教育することを決意しました。私がこの母にしてエジソンありと思うのは、彼女がエジソンに対して手取り足取り教えようとはしなかったからです。

彼女は、自分の息子が**何にでも疑問を持ち、自分で調べて確かめなければ納得できない性分である**ことをよく知っていました。そこでまず読書の習慣を付けさせ、そのあとは『自然・実験哲学概論』という本を買い与えました。家庭でできる科学実験の方法が詳しく書かれていたこの本との出会いがエジソンの才能を開花させたと言っても過言ではありません。自宅の地下室を自由に使うことを許されたエジソンは本に書いてある実験を片っ端からやったそうです。そして失敗と成功を繰り返す中でエジソンは溢れ出る好奇心を満たし、様々な実験方法を学びます。

エジソンは生涯に千を超える特許を獲得しましたが、その裏に何万、何十万という失敗があったことは想像に難くありません。でもへこたれずに挑戦し続けることができたのは、小さい頃の地下室での経験を通して失敗が成功の糧になることを知っていたからではないでしょうか？　誰に強制されるわけでもなく興味の赴《おもむ》くまま、主体的に学んだ経験が失敗をもポジティブに捉えるメンタリティを育んだのでしょう。実際エジソンは晩年に次のように語っています。

「わたしは今まで一度も失敗したことがない。電球が光らないという発見を2万回したが、それだけその方法ではうまくいかないことが分かったのと同じだからどれも『成功』なんだ」

このような驚異のポジティブシンキングを武器にエジソンが「発明王」になり得たのは、幼少時に母から「**主体的勉強の英才教育**」を受けたからだと私は思います。

調べることが少ない日本人

ベネッセ教育研究開発センターが2006年に東京、ソウル、北京、ヘルシンキ、ロンドン、ワシントンDCの6都市の子どもたち（小学校5年生）を対象に行った「学習基本調査・国際6都市調査」によると、「授業で習ったことを、自分でもっと詳しく調べる」と「自分で興味を持ったことを、学校の勉強に関係なく調べる」の2つの項目に対して、「あてはまる」＋「まあてはまる」と回答した子供の比率は、東京が6都市中最低でした。

調べることは主体的な勉強の第一歩です。つまり右の結果は日本では主体的に勉強する子供が少ないことを示しています。これには文部科学省も危機感を持っていて2014年の4月にまとめられた『学びのイノベーション事業実証研究報告書』では小学校就学前から**子供が主体的に学ぶような教育へ転換していく必要性**が強調されています。

私の塾でも受け身の姿勢の生徒は少なくありません。前に成績を飛躍的に伸ばす生徒は「質問をする」という段階を通る、と書きましたが教科書を読めば書いてある類のことの質問をしているうちはまだまだです。私から「『なぜ？』が増えるように勉強するんだよ」と言われて質問を考えてきただけでしょう。このような生徒はそもそも自分で疑問に思ったことを自分で調べるという経験がほとんどありません。その証拠に私が「質問を考えてきたのは偉い。でもその質問の答えはここに書いてあるよ」と言うと本当だ、と驚いたような表情を見せます。

そこで私は次に調べることの大切さを説きます。結果を鵜呑《うの》みにして丸暗記するだけの状態からは一歩進んでいるとはいえ、自分で調べることができないと主体的に学ぶことができないからです。

不思議なもので何かを調べ始めると——すぐに答えがわかる簡単なことは別にして

授業で習ったことを自分でもっと調べる

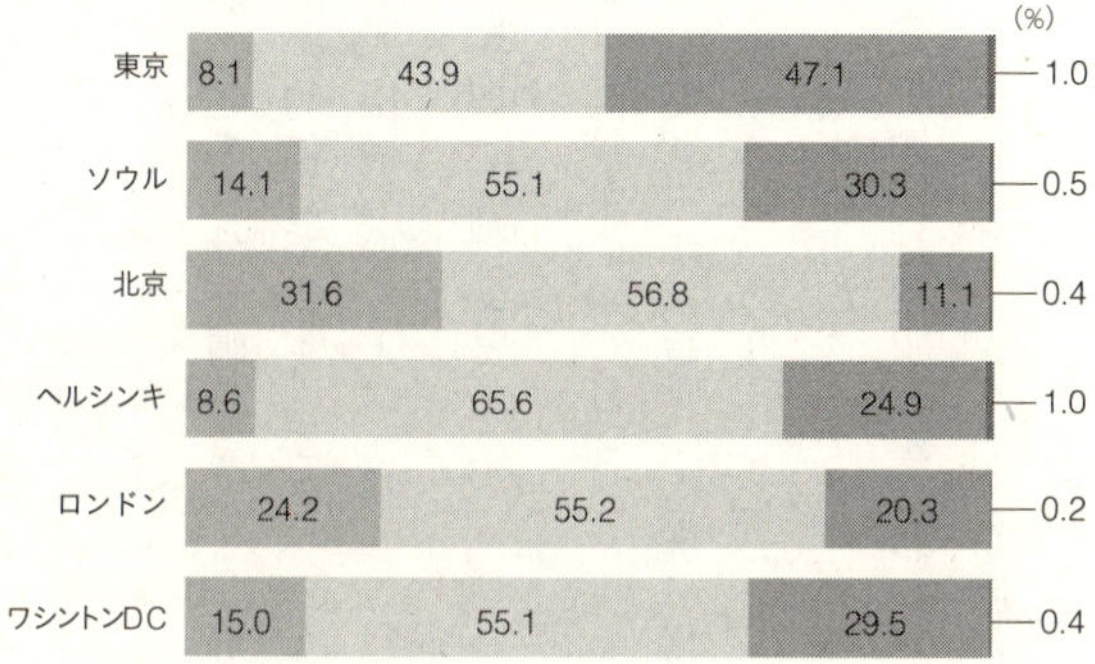

自分で興味を持ったことを学校の勉強に関係なく調べる

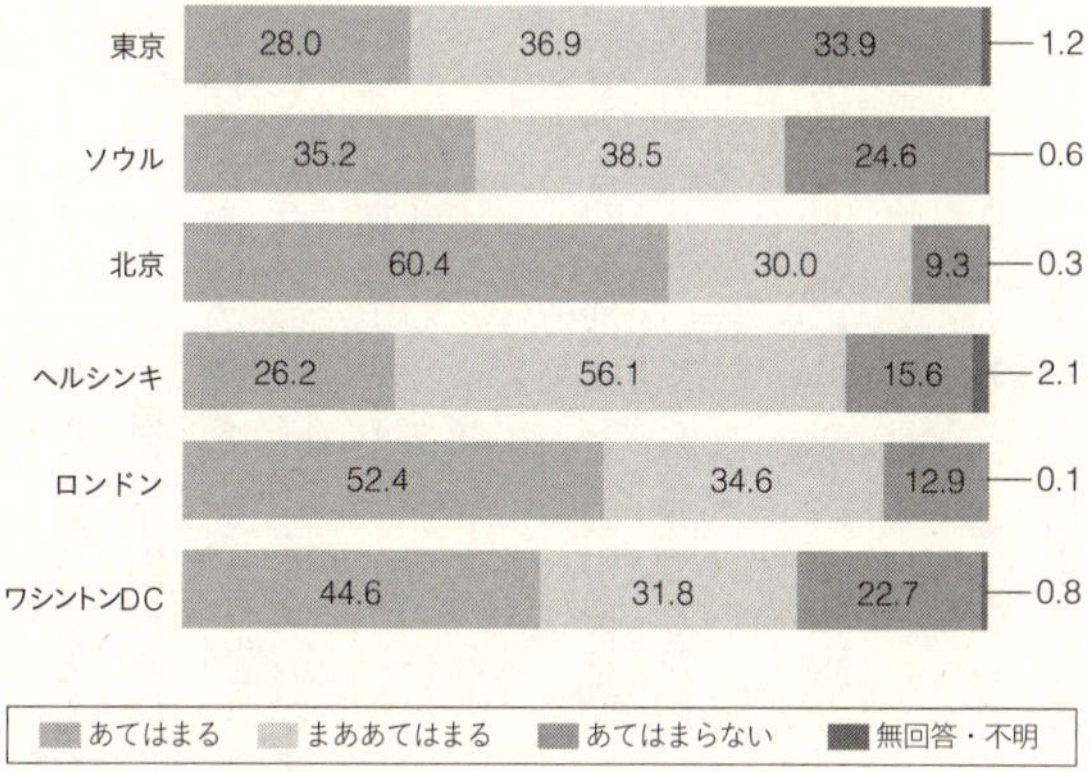

[出典：ベネッセ教育総合研究所
http://berd.benesse.jp/berd/center/open/report/gakukihon_6toshi/hon/hon_1_2_4.html]

──最初は小さかった疑問がどんどん大きくなります。調べているうちに「どうしても知りたい」という気持ちが育つので、そのうちそれが勉強であることも忘れて答えを得ることに夢中になるでしょう。もうお分かりですね。**自分が知りたいこと、学びたいことを自分で調べる……これこそが主体的な勉強の基本です。**

国際的に見て日本人が調べることに対して消極的であることと日本からは突出した才能が出づらいことは、決して無関係ではないと私は思います。

徹底的に調べる

私は高校生の頃、日曜日になると一週間分の質問を抱えて父の書斎を訪ねるのが習慣でした。主には数学、物理、化学等の理系科目についての質問でしたが、英語について訊くこともありました。

そんなある日のことです。私はある英語の長文問題に付いている和訳と自分が辞書を調べて作った和訳とが合わない気がして、「ここはどうしてこういう意味になるの？」と聞きました。すると父はすぐには答えを言わず（実際に分からなかったのかもしれませんが……笑）「辞書をかしてごらん」と辞書を引き始めました。該当する言葉のところをじっくり読んだあとで「ほら、ここに同じような意味の英文が載っているよ」と父が指差す先をみると確かに、隅の方の例文に似たような意味の訳語があります。せいぜい太字になっている部分の意味ぐらいしか調べていなかった私は驚きました。

「えっ？　そんなところまで見るの？」と私が言うと父は涼しい顔で「そうだよ」と言います。

突然ですが新しいことを研究しようとする学者が最初に何をするか知っていますか？　それは自分の研究分野についてどれだけのことが分かっているかを徹底的に調べることです。実際、論文には通常の研究論文の他に、ある分野の動向を著者の観点で調査し整理・評価した「サーベイ論文（Survey paper）」と呼ばれるものがあります。自分が関心を持った分野の「サーベイ論文」が見つかった研究者はラッキーだと言えるでしょう。いずれにしても徹底的に調べることは学者にとってはキホンのキなので、父にとっては辞書を隅から隅までよむことは朝飯前だったのだと思います。

とにかく高校生の私は丹念に辞書を読む父の姿から「**徹底的に調べる**」ことの大切さを知りました。それから後は英語について父に訊くことは少なくなったと思います。分からない言葉や表現があっても、辞書の例文までを読みこめばたいてい自分の知りたいことを見つけることができたからです。また文法事項については、辞書だけでは少々物足りなかったので、書店に行って分厚い文法書を買いました。この文法書は高校生向けの参考書ではなく、大学で英語を学ぶ人も使う専門書に近いものでしたが、これを調べれば疑問に思ったことは何でもわかったので随分重宝しました。

なかなか答えが見つからずに**たくさん調べたことは、すぐに答えが分かったことよりも記憶に定着する**ものです。前述のとおり調べるという行為は「知りたい」という気持ちを育てる効果があるので、調べれば調べるほど知りたい気持ちは大きくなります。結果として答えが分かったときの喜びや印象も強くなり、得られた答えは忘れづらいものになるでしょう。つまり、**徹底的に調べることは知識を知恵に昇華させる効果もある**のです。

英語で味をしめた私が、他の教科についても教科書的な参考書とは別に「調べる用」の分厚い専門書的な本を揃えたことは言うまでもありません。

調べる用の本を用意する

簡単にインターネットで調べ物ができる現代では、「調べる」ことのハードルは随分と低くなっているように思いますが、ネット上の情報はまさに玉石混淆《こんこう》で特に初学者にとっては検索でヒットした内容が本当に正しいものかどうかを判断するのは難しいことだと思います。

それに対して、伝統的に昔から読まれている書物に載っている情報の精度はずっと高いと言えるでしょう。作家の司馬遼太郎氏は「**自分にとって学校というものは一切存在理由がなかった。自分には図書館と古本屋さえあれば、それで十分であった**」と言っていますが、時代が変わっても本当に良い本の価値は決して下がるものではありません。

真剣に学びたいことがあるなら、すべてを頭に入れるべき教科書的な本とは別に、疑問に思ったことを調べるための比較的分厚めの**詳しい内容が載った本も用意すること**をおすすめします。そして徹底的に調べることで疑問が解消する喜びを是非味わってください。その習慣が身についた頃、あなたにとって勉強は決してつらいものではなくなっているはずです。

記憶のメカニズム

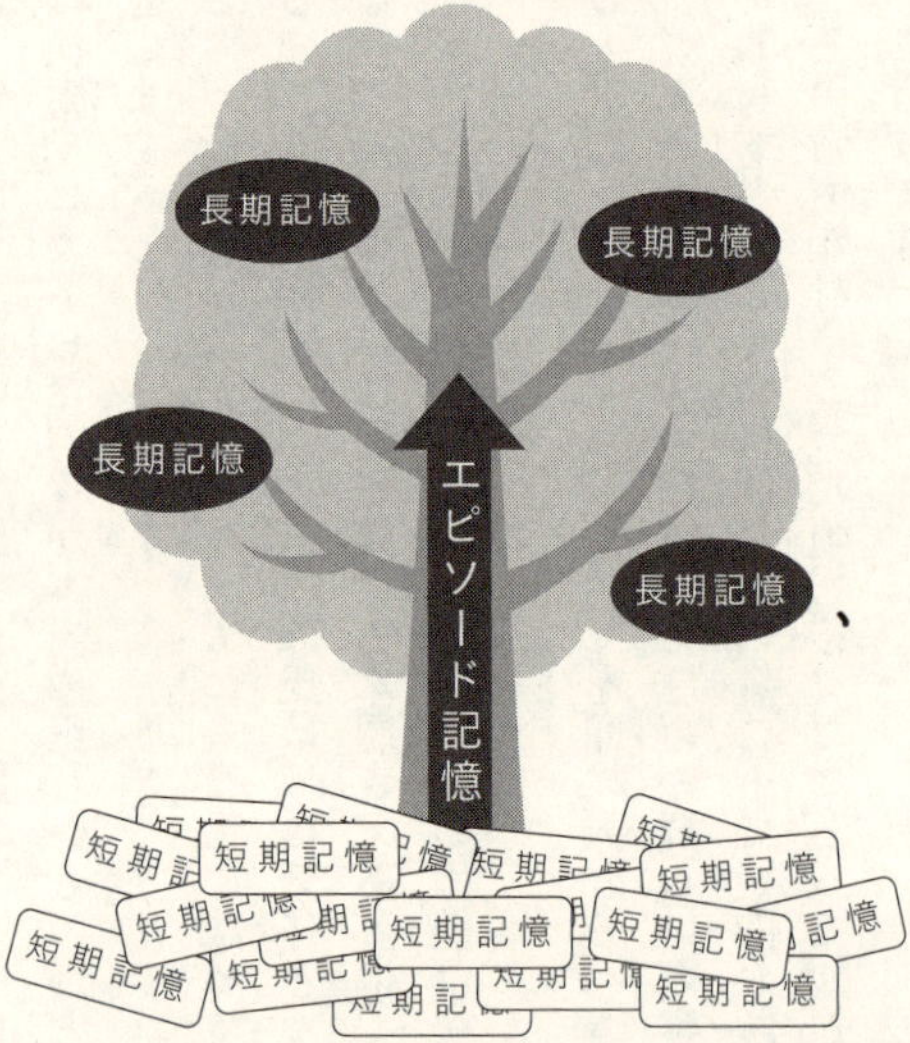

エピソード記憶を使って、
短期記憶を長期記憶に
変換するのが鍵！

前述のとおり私は記憶力にかなり劣等感を持っていましたので大学受験の時には「丸暗記を最小限度に抑えるためにはどうしたら良いか」を考え、「暗記事項とされていることの中から考えればわかることを徹底的に洗い出す」ことで知識を知恵に昇華させる自分なりの勉強法を確立してきました。

とは言え、

「そんなこと言ったって、どうしても暗記せざるを得ないものもあるよ！」

という声もあるでしょう。確かに資格試験や入学試験の勉強の場合にはどうしても暗記をせざるを得ない事柄があるのも（残念ながら）事実です。そこでこの後は、記憶力のない私にも効果が高かった記憶術を紹介したいと思います。

ただし方法だけを列挙すると読者にそれこそ結果を鵜呑みにさせることになり、「記憶術が思い出せない」なんていうつまらない冗談にもなりかねません（笑）。そこでこの節では、**記憶のメカニズムについて脳科学・心理学的に分かっていること**を紹介したいと思います。まずは記憶のプロセスについてです。

記憶の3ステップ

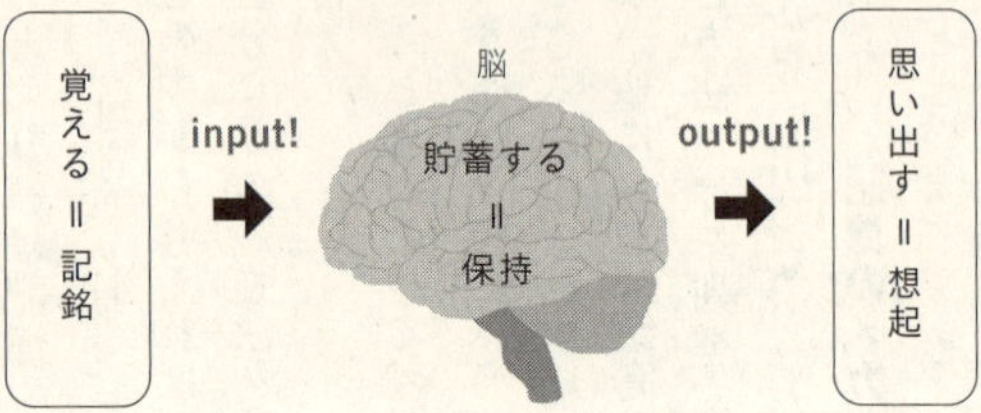

［出典：記憶法大全（監修：和田秀樹／ディスカバー21）］

記憶には「情報を覚えこむ」→「情報を保持する」「情報を思い出す」の3つの段階があります。これらは専門的には「**記銘**」、「**保持**」、「**想起**」と呼ばれています。

想起はさらに「**再生**」と「**再認**」に分かれます。例えば「preservation」という英単語の意味をノーヒントで「保存」と思い出すのは再生ですが、「表面・保存・回転」の中から一つ選び出すのは再認です。一般に再認の方が容易に想起できます。

記憶で大切なのは、この**3つのステップを意識してそれぞれを強化していくこと**です。

記憶の分類

178頁の図のように記憶は大きく分けて感覚記憶、短期記憶、長期記憶の3つに分類されます。

感覚記憶（sensory memory）とは、意識には上らず感覚器官で瞬間的に保持される記憶を指します。感覚記憶は目や耳などを通して入ってくる映像や音などの「入力情報」をほぼそのままの状態でキープしますが、最大でも1〜2秒しか保持できません。例えば、集中してテレビを見ているときに家人から「お腹すかない？」と話しかけられたとします。おそらく一瞬何を言われたか分かりません。

でも改めて聞き直さなくても耳の奥に残っている家人の声を瞬間的に再生して、

「え？　あ〜お腹すいたね」

と受け答えすることはできるでしょう。これが感覚記憶です。

短期記憶（short term memory）とは、入っては消えていく大量の感覚記憶の一部に対して意識を向けることで、短い間保持される記憶を指します。短期記憶は最大2年間保持されるという説もありますが、一般的には数十秒〜数日程度しか保持されま

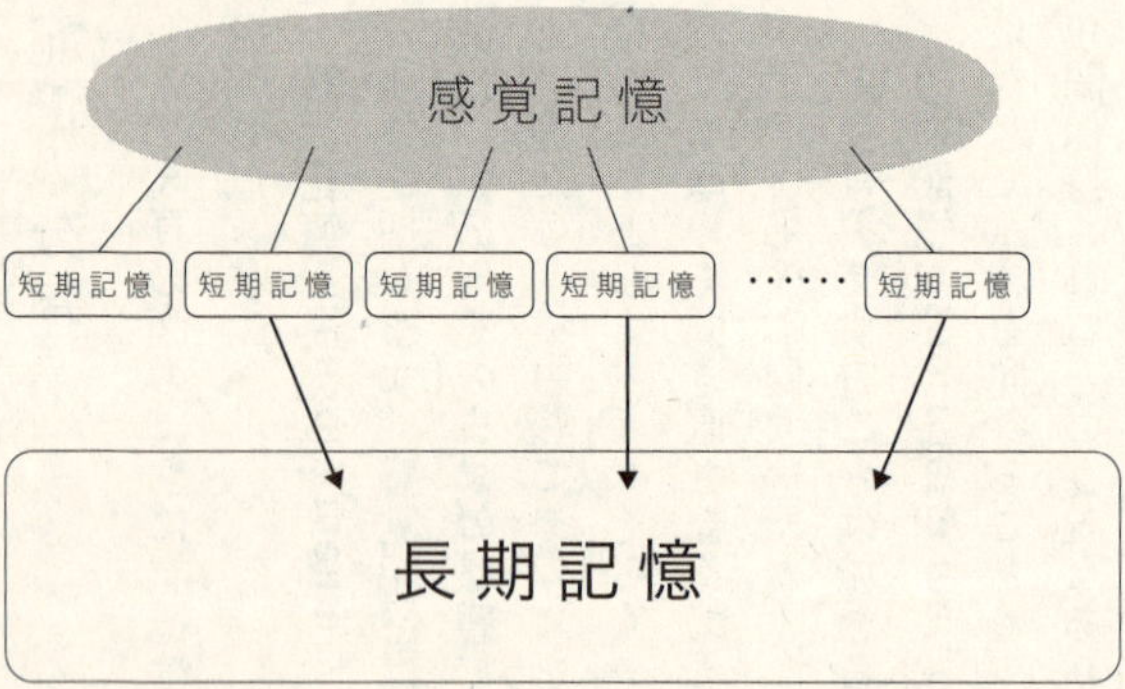

せん。もし人間に感覚記憶しかないとすると、数秒以上続く話をされた場合、聴き終わった時には話の最初を覚えていないことになって話全体を理解することができなくなります。しかし実際には短期記憶が備わっているので話の内容に注意すれば、多少長い話も理解することが可能です。短期記憶とは言わば「点」である「今」をつなげて「線」にするために必要な能力だと言えるでしょう。

短期記憶はその容量に限度があります。アメリカの心理学者ジョージ・ミラー氏は「**マジカルナンバー7±2**（**The Magical Number Seven, Plus or Minus Two**）」という論文の中で**短期記憶が可能な容量は最大7個前後**であると発表しました。人間が一度に記憶できるのは数字なら5～9桁、人の名前なら5～9人分程度が限度だという説です。確かに人が言った（市外局番以降）7桁程度の電話番号を数秒後にダイヤルすることはできそうですが、円周率のように脈絡《みゃくらく》なく続く数字を何十桁も覚えるのは、たとえそれが5秒間であってもふつうは不可能ですね。

長期記憶（**long term memory**）とは、短期記憶の一部が言語・イメージ・シンボル等に変換されて長期間保持される記憶のことです。**長期記憶の容量は無限であるとされていて基本的には一生保持されます。私が本書で繰り返している「忘れたくても忘れようのない知恵」はまさに長期記憶です。**

言うまでもなく、私たちの勉強の目標は**短期記憶をいかにして長期記憶に変換するか**ということに尽きます。そこで長期記憶についてはさらに掘り下げておきましょう。

長期記憶の分類

長期記憶は次頁の図のように分類されます。

非陳述記憶とは言語で表現できない記憶のことで、これには**手続き記憶**（**Procedural**

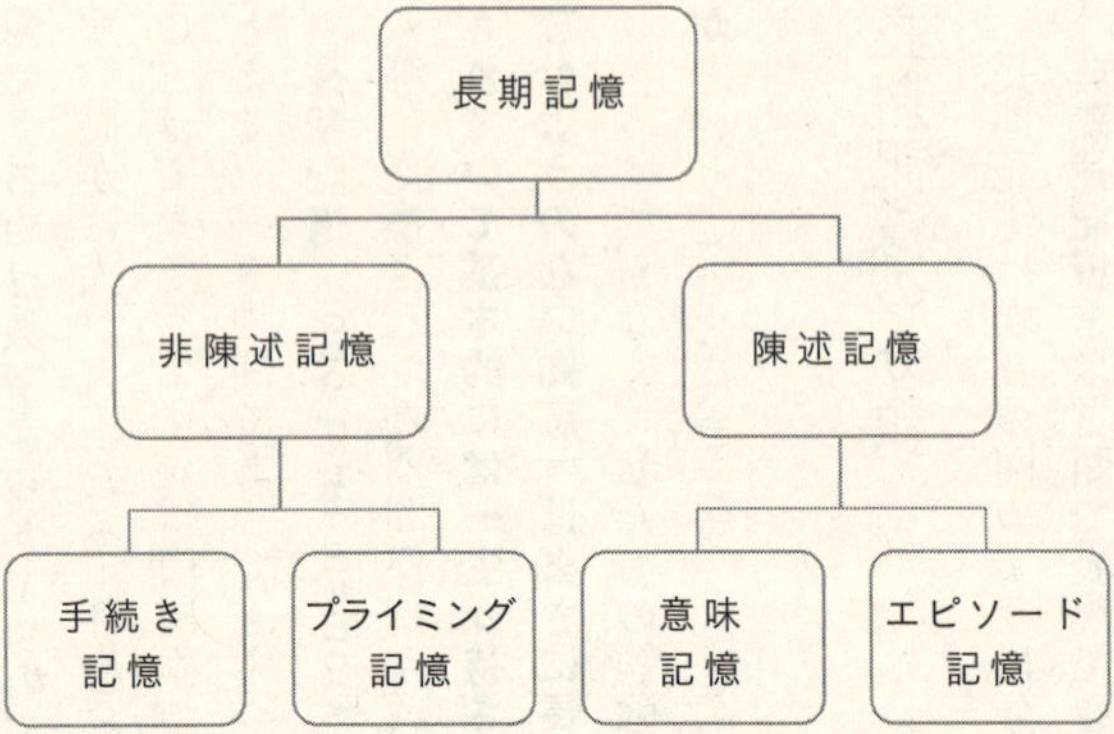

memory）と**プライミング記憶（Priming memory）**があります。
　手続き記憶とは自転車の乗り方とか泳ぎ方とかいわゆる「体で覚える記憶」のことです。
　これに対し「prime」とは「入れ知恵する」などの意味で、プライミング記憶とは、**あらかじめある事柄を見聞きしておくと、関連する別の事柄が想起しやすくなることを言います。**
　例えば連想ゲームをする場合。先に食べ物の話をしておいてから「白いもの」とお題を出すと、たいていの人は「白米」や「お餅」を連想します。しかし同じ「白いもの」でも先に天気の話をしておくと「雲」や「雪」と答える人が多くなります。これは先行する話題によって想起されるものが影響を受けている証拠です。また速読が可能なのもプライミング記憶の効果だと言われています。例えば野球部の部活について書かれている文章に「た…ろい」という文字列を見つければ、「球拾《たまひろ》い」を想起できる人は多いでしょう。プライミング記憶によって一語一語を丁寧に読まなくても内容が理解できるので、文章を読むスピードが上がります。

さて、勉強における長期記憶のメインディッシュは言語で表現できる**陳述記憶**です。陳述記憶は**意味記憶**（**Semantic memory**）と**エピソード記憶**（**Episodic memory**）の2つに分類されます。

意味記憶というのは文字通り言葉の意味についての記憶のことです。「ロシアの首都はモスクワ」などの客観的事実や「イルカは哺乳類」などの定義の類を指します。**私が――というよりほとんどの人が――苦手としている「丸暗記」は意味記憶です。**

エピソード記憶とは個人的に体験した出来事についての記憶を言います。例えば「スイカ」と聞いて「小さい時、スイカを落として親に怒られた」という思い出を想起するのはエピソード記憶です。

意味記憶は覚えようと意識して行う記憶（**単純暗記≒丸暗記**）なので**何度も学習する必要がありますが、エピソード記憶は一回の体験で記憶されます**。一般に9歳までの子どもは意味記憶を得意とし、**言語理解能力が発達した大人はエピソード記憶を得意にする**と言われています。

先ほど、短期記憶を長期記憶に変換することが私たちの勉強の目標だと書きましたが、大人である私たちが目指すべきは結局のところ「エピソード記憶」の形で長期記憶を蓄えることです。これができれば、一回ないしは少ない回数の反復によって長い間記憶を定着させることができるでしょう。

脳が記憶する仕組み

最後に記憶における脳の中の働きについても少し触れておきましょう。と言っても脳の中で新しい記憶がどのように作られているかについてはまだ分かっていないことも多く、さらなる研究の成果が待たれています。

脳には**ニューロン**（**Neuron**）と呼ばれる膨大な数（百億〜千億個）の神経細胞があ

ります。私たちがものを考えたり記憶したりする脳の働きは、ニューロンどうしがお互いに情報を伝達することが必要です。ニューロンが情報を伝達する際、隣のニューロンと結合する部分を**シナプス**（**Synapse**）と言います。余談ですが、脳が老化するとシナプスの接続ができなくなるそうです。

短期記憶も長期記憶もニューロンどうしがシナプスでつながったときに生まれると言われています。ただし短期記憶はシナプスの働きが一時的に強化された状態になるだけで形成されるのに対して、長期記憶を形成するためにはシナプスが恒久的に増強される必要があるのだとか。

これについては「世界記憶力大会」で5年連続スウェーデン1位となり「記憶アスリート」としての活動を続けている**イドリズ・ズガイ氏**が面白いことを言っています。

「正常な機能を持つ脳は、重要でない情報を整理してしまう。重要であると判断した情報についてはニューロンどうしが強く結びつく。では脳は何を『重要である』と判断するのだろうか？　それはその情報が脳にとって好ましいかどうかである。もっと言えば楽しいかどうか。すなわち**楽しんで記憶することでニューロンどうしの結びつきは強くなり、より記憶は定着すると言える**」

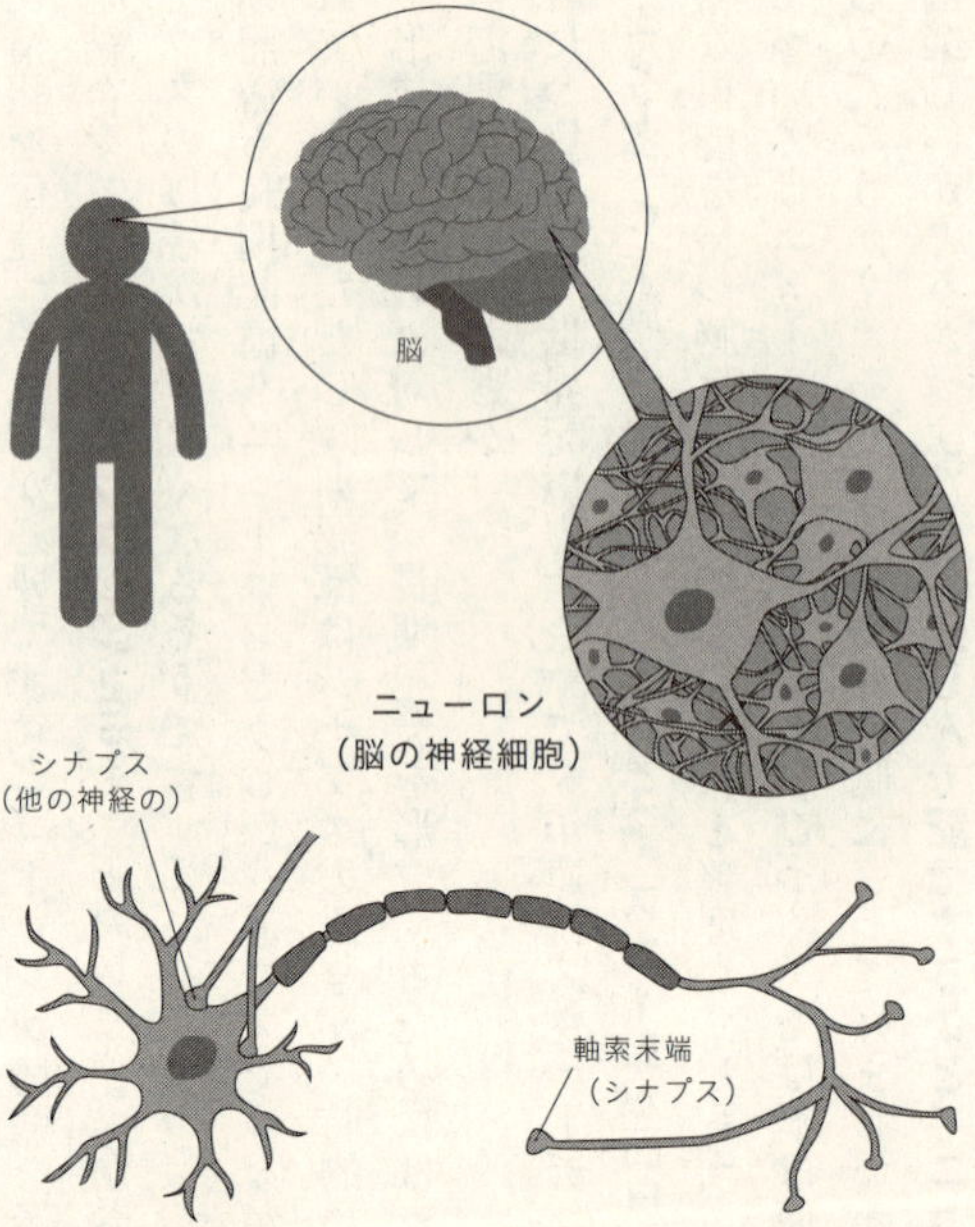

［出典：ARU NUERO http://www.si.hirosaki-u.ac.jp/~ei_sys/neuro/neuron.html
国立遺伝学研究所 http://www.nig.ac.jp/Research-Highlights/379/381.html］

ズガイ氏の意見からも、やはり勉強は楽しみながらしなければいけないことが分かりますね。

記憶のメカニズムについての「勉強」はこれくらいにしておきましょう。あ、でも記憶と脳の働きに関しては新しい学説が続々と生まれていますから、気になったことはどうぞ調べてみてくださいね。

次節では「記憶力を高めるための7つのポイント」についてお話しします。

記憶力を高める
7つのポイント

《記憶に必要な7つの性質》

① 意味がわかる

② ルールがある

③ 連想ができる

④ イメージができる

⑤ 気になる

⑥ 面白い

⑦ 確認できる

記憶に必要な7つの性質を知って
記憶術マスターになる

この節ではアメリカの心理学者**ケネス・ヒグビー氏**が提唱している「**記憶力を高める7つのポイント**」を紹介します。

ヒグビーによると、強く記憶に残るものとはすなわち「意味がわかるもの」、「ルールがあるもの」、「他のものを連想しやすいもの」、「イメージ（映像）が浮かぶもの」、「注意を向けているもの」、「面白いもの」、「覚えたことを確認できるもの」だということです。記憶すべきものをこれらに転換していくためのポイントは次の通り。

これらはそれぞれ有名な記憶術にも繋がっています。これを機に巷《ちまた》でよく聞く記憶術の全体をまとめてしまいましょう。

記憶力を高める7つのポイント

(1) 有意味化
(2) 組織化
(3) 連想
(4) 視覚化
(5) 注意

（6）興味

（7）フィードバック

ここでは「subordinate（動詞：従属させる）」という英単語を例に1つずつ説明していきます。

（1）有意味化

「subordinate」という単語は少々難しい単語ですね。馴染みのない人の方が多いでしょう。これは11個のアルファベットから成る単語ですが、機械的にこれを覚えるのは決して楽ではないと思います。そこでこの単語をいくつかの部分に分けて、それぞれの意味を考えてみましょう。先頭の「sub」は「下の」という意味があります。次に続く「ordin」は「順序」という意味です。そして最後の「ate」は動詞や形容詞をつくる接尾語。つまり「subordinate」とは「下に順序良く並ぶ」という意味の動詞か形容詞です。こうして単語を成すパーツのそれぞれの部分の意味を考えれば「subordinate」が全体として「従属させる」という意味になることは理解できますね。こうすれば「subordinate」は無意味な11個の文字の羅列ではなくなり、うんと記憶に残りやすいものになることでしょう。

（2）組織化

「subordinate」だけを単独で覚えるよりも、「sub」という接頭語を持つ単語をまとめて覚える方がより記憶に残ります。例えば「subliminal（意識の下↓無意識の）」「submit（下から上に出す↓提出する）」、「subscribe（申込用紙等の下に書く↓署名する）」などをまとめて組織的に頭に入れると「sub」という接頭語から始まる言葉は「下」という意味があるというルールがより強い印象になり、忘れづらくなります。

（3）連想

「sub」が「下の」という意味になることは、既にあなたにとって馴染みが深い「subway（地下鉄）」が連想できればより定着するでしょう。

さらには常に補欠の人のことを「あいつは万年サブだ」等という日本語の表現もありますからこれを連想できれば、「sub」＝「下の」はもっと忘れづらくなると思います。「ordin」が順序という意味になることもやはり「order（順序・秩序）」を連想したり、「バッティングオーダー」が野球の打順を表すことを連想したりできれば強い印象になるはずです。

ちなみに、有名な記憶術の多くは「連想」を使っています。

おそらく最も古典的な記憶法である「**場所法**」は、実際にある場所や架空の場所を思い浮かべ、それらに番号をつけ、覚えたいものを番号順に頭に入れていく方法ですが、これは**場所のイメージと記憶したいものを連想で結合して記憶する方法**です。たとえばあなたが「じゃがいも・人参・ナス・トマト・キュウリ」の5つの野菜を記憶したいとします。場所法を使った記憶法は次の通りです。

私はたいてい帰宅すると、まず自室に入って服を脱ぎ、そのままお風呂に入ってから洗面所で歯を磨き、リビングに行って少しくつろいでから寝室に入ります。この、

①自室→②お風呂→③洗面所→④リビング→⑤寝室

に先ほどの「覚えたい5つの野菜」を配置していきます。

①じゃがいも→②人参→③ナス→④トマト→⑤キュウリ

といった具合です。それぞれの場所にそれぞれの野菜が置かれている様子がイメージできれば、帰宅後の行動パターンを思い出すことで5つの野菜も思い出せます。

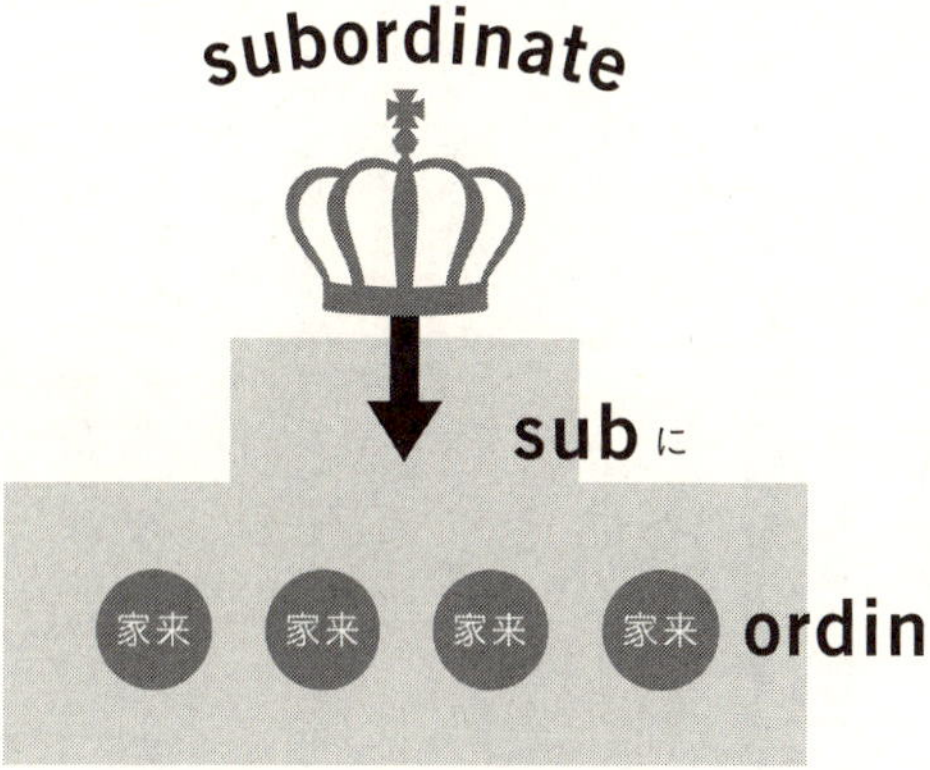

また「**頭《かしら》文字法**」では記憶したいものの頭文字を用いて意味のある単語にします。社会人の基本である「報告・連絡・相談」を「ホウレンソウ」などとするのは有名な例です。これもよく知っている野菜の名前「ほうれん草」と「報告・連絡・相談」を連想で結びつけていますね。もちろん年号を**語呂合わせ**で覚えるのも連想です。

（4）視覚化

覚えたいものに視覚的なイメージ（映像）を付けることができれば、記憶の定着率はぐんと上がります。「subordinate」に対しても上のようなイメージが付けば、もうこれは忘れられない単語になるでしょう。

やはり有名な記憶法に「**物語法**」というのがあります。例えば「犬・夢・車・空・アメリカ」の5つの言葉を覚えたいとします。5つの単語には脈絡がないように思えますが、これらの言葉を使って、

「**犬**が**夢**を見ている。夢の中で犬は**車**を運転しているが、なんとその車は**空**を飛び、**アメリカ**まで飛んで行ってしまった」

という物語を考えつけば、強く記憶に残るようになりますね。これは物語を考えると自然とそこに映像が浮かぶからです。犬が運転している車が空を飛んでいる様子が目に浮かびましたか？（笑）

（5）注意

これは当たり前と言えば当たり前ですが、そもそも「subordinate」という単語に注意を払わなければこの単語を覚えることはできません。

私は以前、あるレストランに行くために乗ったタクシーに忘れ物をしてしまいました。レシートがなかったのでレストランの人に「確か……黄色いタクシーだったと思うんですけど……」と言って、黄色い車体のタクシー会社にいくつか電話をしてもら

いました。でもあいにく見つかりません。がっかりしていると、少し経ってから親切なタクシーの運転手さんが忘れ物をそのレストランに届けてくれました。お礼を言いに外に出てみると、タクシーの車体には白地に青い線が入っていました……。このように（そもそも私の不注意が酷いのですが）ついさっき乗ったタクシーの色ですら、注意を払っていないと憶えることはできないものです。

(6) 興味

興味があることに対してはより注意が向けられますので、記憶する内容に対して興味が持てたり、面白いと思えたりする方がより記憶に残ります。

単語集にある「subordinate」を義務感から覚えようとしてもなかなか頭に入らないものですが、「Art is sometimes subordinated to Science.」という英文の中にある「subordinate」に対しては、

「芸術は時々科学に対して◯◯させられる……なんだろう？」

と英文の内容を知りたいと思えばより興味を引かれるはずです。そして意味を調べて「ああ、『従属させられる』という意味かあ」と分かれば強い印象になって記憶し

やすいでしょう。一般に長文の中で出会った単語の方が単語帳で出会った単語より覚えやすいのはこのためです。

前節で「記憶アスリート」ズガイ氏の「楽しく覚えたものの方が定着する」という言葉を紹介しました。これは楽しい物の方がより興味を持てるからだとも言えます。例えば「1582年 本能寺の変」という年号に対して「イチゴパンツの信長、本能寺に死す」という語呂合わせを聞くと思わず吹き出してしまいますよね。あの信長がイチゴパンツをはいているというのはなんともユーモラスです（笑）。また先程の物語法でも「犬が車を運転している」というのは、アニメ的で面白いので「犬が車で運ばれている」という当たり前の物語を思い浮かべるよりも記憶に残りやすいでしょう。

(7) フィードバック

フィードバックとは出力（結果）を入力（原因）側に戻すことを言います。記憶における「フィードバック」とは、覚えたことに対して評価をもらうことです。「subordinate」を暗記した後、この単語の意味を問うテストを受けることは記憶のフィードバックになります。記憶におけるフィードバックは2つの点で重要です。1つは記憶の結果を知ることによって、「私は『subordinate』をちゃんと覚えただろうか？」と**記憶の対象に対して興味を持続させられる点**。そしてもう1つは仮に誤っていた場合、**誤りを修正しようと努力するモチベーションに繋がる点**です。ただし学習者が未熟な場合は、フィードバックで記憶の成否を伝えても、効果が低い場合があります。

そのような場合に取られる学習法が**エラーレス学習**（**Errorless learning**）です。エラーレス学習では通常、選択式の問題を使います。最初は正解の方にあらかじめ印をつけておくので、学習者が正解を迷うことはありません。その後、問題練習を繰り返しながら、徐々にこの印を消していきます。このような段階を踏むことで学習者は試行錯誤するフィードバックの期間を短縮できるのです。いわゆる「公文式」のプリントで、最初は答えが薄い文字で書いてあるのもエラーレス学習の一例です。

以上でヒグビー氏の「記憶力を高める7つのポイント」の解説と関連する記憶法の紹介を終わります。次節からはいよいよ私が実践してきた「永野式記憶術」を一挙にご紹介します。

参考：『世界一わかりやすい英単語の授業』関正生（中経出版）

永野式記憶術①
（ストーリ記憶法）

《ストーリ記憶法》

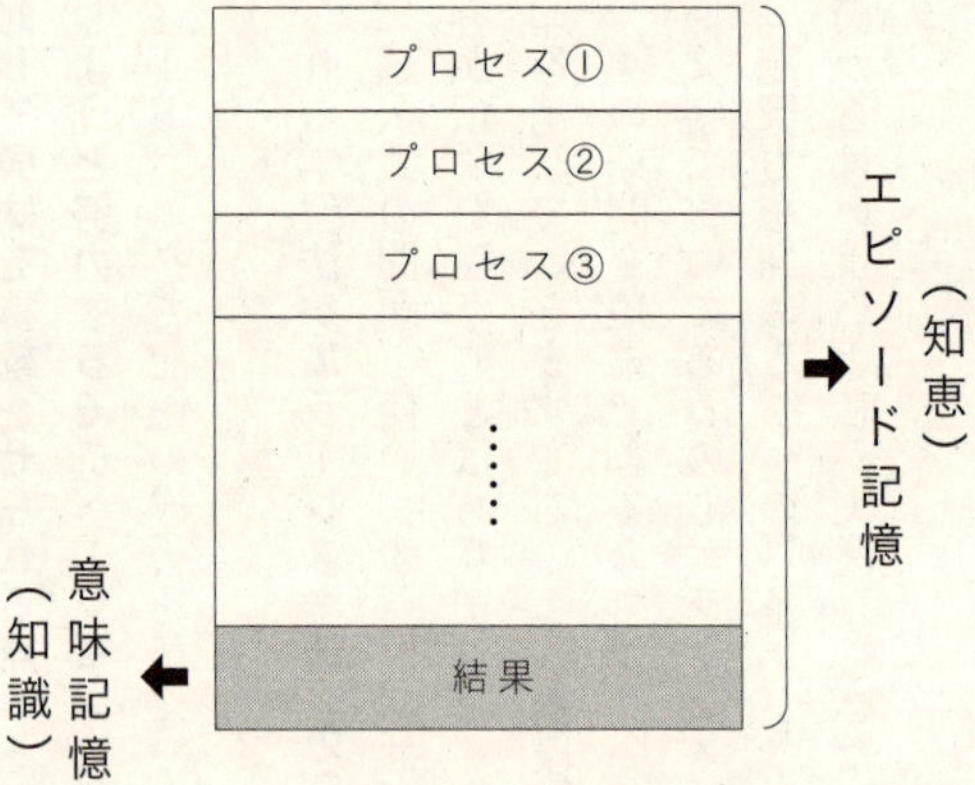

プロセスを含めて
全体をストーリにすれば
忘れようのない知恵になる

私は塾の生徒とよく次のような会話をします。

「鎌倉幕府の成立は何年か分かりますか？」

「はい！　１１９２年です！」

「そうですね。では、江戸幕府の成立は何年でしょう？」

「えっと……何年でしたっけ？？？」

　ここで注目すべきなのは、生徒が歴史的事実の重要性が高いものの方を記憶しているわけではない、という点です。語弊があるかもしれませんが、時代の近い江戸幕府の方が歴史的には重要でしょう。

　ではなぜ生徒の多くは鎌倉幕府の成立年号を強く記憶しているのでしょうか？　言うまでもありませんね。「１１９２《いいくに》つくろう鎌倉幕府」という例の語呂合わせのおかげです。

　ではなぜこの語呂合わせがここまで日本国民全体に浸透しているのでしょうか？　それは、「よりよい国にしたい→新しい政治の体制を作ろう→鎌倉幕府の成立」**という分かりやすいストーリが感じられる語呂合わせになっているからです。**ちなみに江戸幕府の成立は１６０３年で、「人群《む》れ騒ぐ」などの語呂合わせがあるようですが

「いい国つくろう」ほど印象には残らず、また浸透もしてもいません。

なぜなら「人群れ騒ぐ」と言っても、なぜ騒いでいるのかが見えてこないからです。天変地異かもしれません。あるいは外国が攻めてきた可能性もあります。

2006年頃から鎌倉幕府の成立は源頼朝が征夷大将軍に就いた1192年ではなく、壇ノ浦の戦いで勝利した頼朝が、全国への守護・地頭の設置を朝廷に認めさせた1185年だという説が主流になり、現在では多くの教科書が1185年を採用しています。これに伴い語呂合わせも「いい箱作ろう鎌倉幕府」に変更されました（おそらくあまり浸透しないでしょう……）。

ストーリ記憶法

ところで、あなたの好きな映画は何ですか？　あるいは好きな小説は何ですか？

もちろん私にも好きな映画や小説はありますが、何度も繰り返し観たり読んだりしたものはそう多くありません。好きな映画や小説のうちほとんどは一度観たきり、読んだきりです。でもお気に入りの映画や小説の筋《すじ》は、無理やり暗記したわけではなくても、ごく自然に思い出して、誰かに話すことができます。これはあなたにも経験のあることでしょう。

前々節で「エピソード記憶」について書きました。同じ長期記憶でも、何度も反復が必要な「意味記憶」とは違い、「エピソード記憶」は**たった一度体験したことを一生覚えていられる**という――勉強という意味では――素晴らしい記憶です。

私たちは**映画や小説に触れると、話の中で起きた出来事を擬似的《ヴァーチャル》に体験します**。その「体験」こそが「エピソード記憶」に繋がるのです。一生忘れない知識、すなわち知恵を蓄えるために、これを利用しない手はありません。

私は再三再四、「結果ではなく、プロセスを見よう」と書いてきましたが、それはとりもなおさず学習の対象から物語を紡《つむ》ぎ出すためです。

では勉強におけるストーリとは何でしょうか？　数学で言えば、それは定理や公式の証明であり、解法の行間です。

先の「江戸幕府の成立は何年でしょう?」という問いかけに対して、たまに（10%くらいの確率で）次のように答えてくれる生徒がいます。

「えっと……正確には分からないのですが、関ヶ原の戦いが1600年でしたから、その2年後か3年後だとして……1602年か1603年じゃないですか?」

この生徒は勉強の仕方がわかっています！　彼（女）が「人群れ騒ぐ」という語呂

合わせを聞いたことがあるかどうかはわかりませんが、いずれにせよそこにはストーリが感じられないので語呂合わせで覚えることをすっぱりと諦めて、1600年という覚えやすい年号の「関ヶ原の戦い」から、

天下分け目の関ヶ原の戦い↓2〜3年経過↓江戸幕府の成立

というストーリを自分で組み立てています。

このように、覚えるべき対象に対してストーリを付け、そのストーリを体験することで「エピソード記憶」として長期記憶とする方法を私は「**ストーリ記憶法**」と呼んでいます。

では実際に次の暗記課題を「**ストーリ記憶法**」で克服してみましょう。

（暗記課題）

朝の虹《にじ》は雨、夕方の虹は晴れ

朝に虹が見えたらやがて雨になり、夕方に虹が見えると晴れになるというのはよく知られた事実かもしれませんが、ここでは知らなかったことにしましょう。また実際

に虹の見え方から天気を的中させたという「エピソード」も持っていないことにしてください。

さてあなたはこれを「長期記憶」として定着させる自信がありますか？　私にはありません……。今すぐなら大丈夫だと思いますが、例えば一カ月も経ってしまうと、

「あれ？　朝の虹は雨だっけ？　晴れだっけ？」

となってしまいそうです。そこで私ならこれにストーリを付けます。つまり**プロセスに注目**するのです。

日本の上空にはほぼ一年中、「偏西風」と呼ばれる西から東への風が吹いています。聞いたことはある、という人は多いでしょう。この偏西風によって雲はたえず西から東に運ばれています。天気予報などを見ていると、天気は西の方から先に変化が始まるのがわかりますが、これは偏西風があるからです。

また虹は空気中の水滴（雨粒など）に太陽光が反射することで出現します。そう言えば、虹が見えるのはたいてい雨上がりか、ホースで水をまいた直後などですよね？

つまり虹が見えるということは、その場所の空気が多くの水分を含む（湿度が高い）証拠です。

さらに朝の虹は、東にある太陽からの光によって西の空にできます。反対に、夕方の虹は西の太陽の光を反射して東に出現します。

以上をストーリにします。

朝、（西の空に）虹が見える↓西の空気が水分を多く含む↓日本には偏西風が吹いている↓空気は西から東に移動する↓水分を多く含んだ空気がやってくる↓**雨になる。**

夕方に虹が見える↓東の空気が水分を多く含む↓日本には偏西風が〜（以下略）↓水分を多く含んだ空気が去っていく↓**晴れる。**

いかがでしょうか？　ストーリを理解してもらえたでしょうか？

理解ができれば（理解したかどうかは誰かに説明できるかどうかで判断してください）、**以上のストーリをあなたは「体験」したことになります。**既に「朝の虹は雨、夕方の虹は晴れ」は長期記憶になっているはずです。これを忘れることはないでしょう。

知識を頭に詰め込むための方法を「記憶法」と言うのなら、「ストーリ記憶法」は記憶法とは言えないかもしれません。でも知識を知恵に昇華させ、一生忘れないものとして頭に蓄えるための方法も「記憶法」の範疇《はんちゅう》に入るのなら、「ストーリ記憶法」は間違いなく最強の記憶法です。**それは多くの人が暗記すべき知識だと思っている事柄を「考えればわかること」に分類し、知恵に変えてしまう術**でもあります。

永野式記憶術②
（イモヅル記憶法）

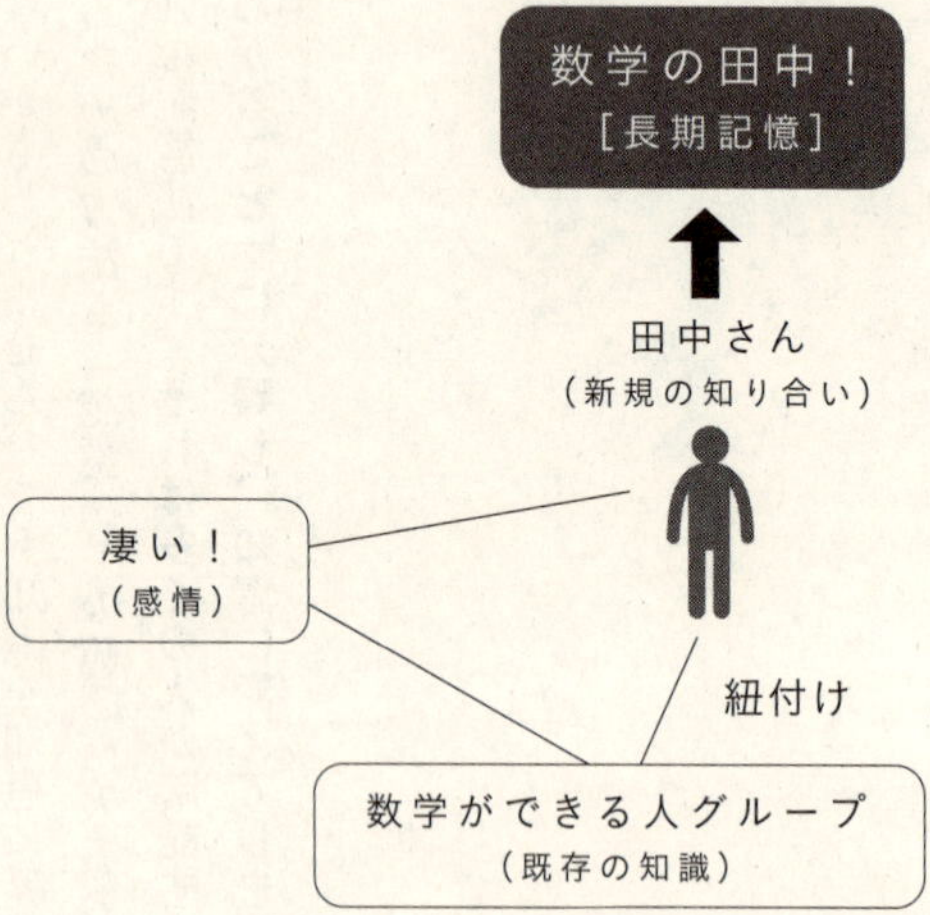

新しい知識は、
感情と共に「既存の知識」に紐づける

続いて暗記課題をもう一題やってもらいましょう。

（暗記課題）次の都道府県を覚えなさい
北海道、宮城県、東京都、神奈川県、埼玉県、千葉県、大阪府、兵庫県、愛知県、広島県、福岡県

都道府県の数は11個です。今度は固有名詞の羅列なので「ストーリ暗記法」ではちょっと厳しそうです。無理をすればこれらの都道府県を訪れる物語を創作する方法は考えられますが、おそらく骨が折れます。11個ということは短期記憶の限度と言われるマジカルナンバー7（178頁）も超えていますので、たとえ5分程度だとしても、これらを丸暗記するのは簡単ではないでしょう。

しかし、もしあなたが野球好きならそんなに難しいことではないかもしれません。じつは右の**11個の都道府県はプロ野球チームを持っている都道府県**です（プロ野球チームは全部で12チームありますが、東京には巨人とヤクルトの2つのチームがありますので計11個になっています）。

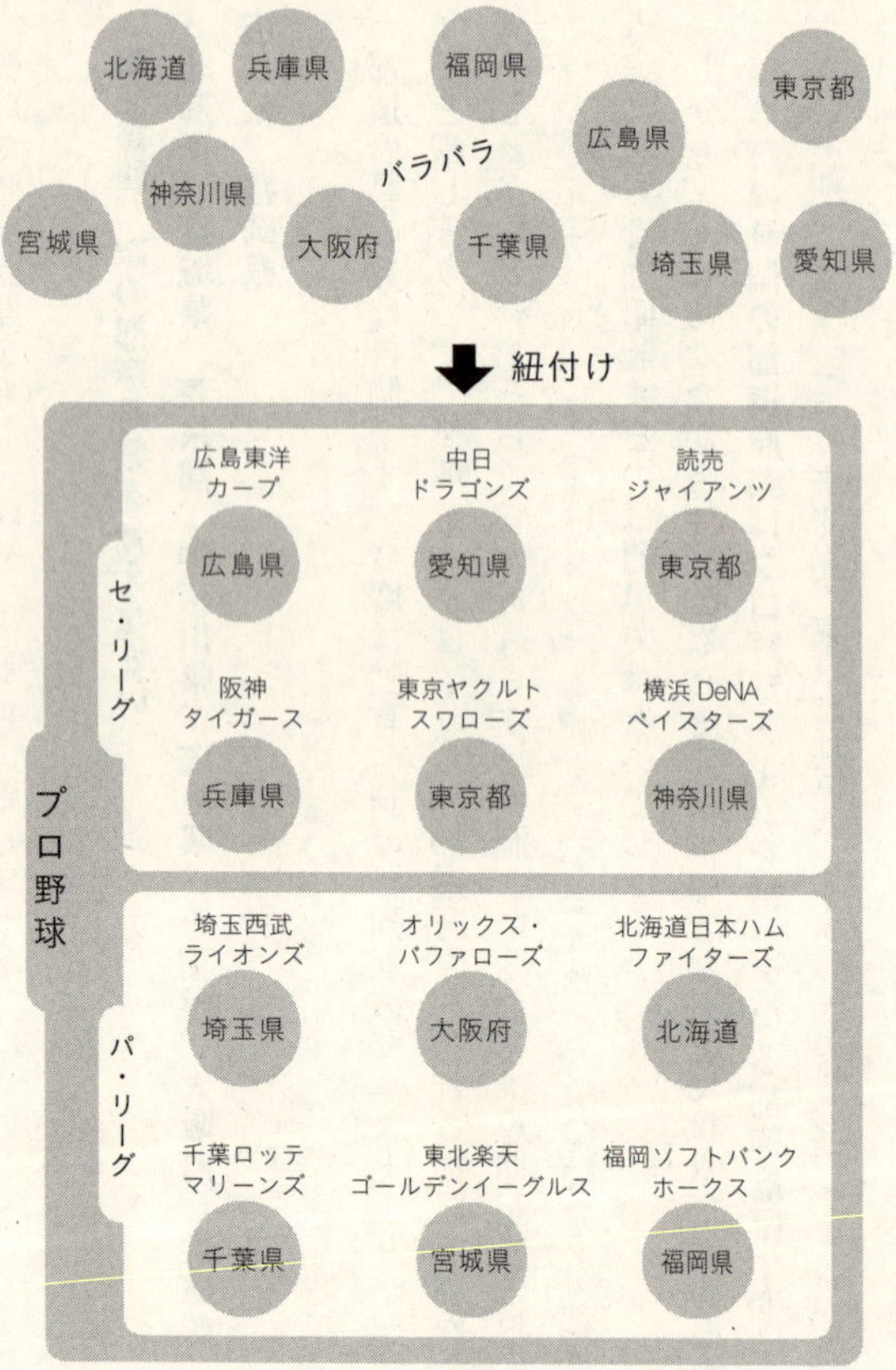
北海道
兵庫県
福岡県
東京都
広島県
バラバラ
神奈川県
宮城県
大阪府
千葉県
埼玉県
愛知県
紐付け
プロ野球
セ・リーグ
広島東洋カープ
広島県
中日ドラゴンズ
愛知県
読売ジャイアンツ
東京都
阪神タイガース
兵庫県
東京ヤクルトスワローズ
東京都
横浜 DeNA ベイスターズ
神奈川県
パ・リーグ
埼玉西武ライオンズ
埼玉県
オリックス・バファローズ
大阪府
北海道日本ハムファイターズ
北海道
千葉ロッテマリーンズ
千葉県
東北楽天ゴールデンイーグルス
宮城県
福岡ソフトバンクホークス
福岡県

イモヅル記憶法

脈絡のない11個の固有名詞を覚えることはできなくても、「プロ野球チームを持っている」という意味が加われば（プロ野球チームについての知識は必要ですが）途端にこれらの11個を覚えることは簡単になります。11個の都道府県名はプロ野球チームに紐づけされ、さらにそのプロ野球チームは「プロ野球」という枠でまとめられているからです。

このようにして、**新しい知識を既に頭に入っている知識と紐づけて記憶する**方法を、私は「**イモヅル記憶法**」と呼んでいます。

新しい知識を学んだら、それが既知の知識とどのように繋がるかを考えることはとても大切です。頭の中で他と関連付けられた知識は、記憶の網《あみ》から抜け出る可能性が極端に低くなります。しかし他から孤立した知識は記憶の海の中で藻屑《もくず》となって消えてしまうでしょう。ある知識を一本釣りで頭の中から引き出すことは容易ではありませんが、他の知識と繋がっている知識であれば比較的簡単に思い出すことができます。

「記憶のメカニズム」についてお話ししたときに、記憶には「記銘」→「保持」→

「想起」の3段階があると紹介しました（176頁）。このイモヅル記憶法が力を発揮**するのは「想起」の段階、つまり記憶したことを思い出すとき**です。

イモヅルには感情を入れよう

イモヅル記憶法をより強力なものにする上で重要なのは、中に「エピソード記憶」を混ぜることです。記憶したい（思い出したい）対象に対してあなたが抱いた**「感情」を入れることができればイモヅルの一端をあなたが見失うことはなくなるでしょう。**

冒頭の11個の都道府県名とプロ野球チームを紐づけたイモヅルは、プロ野球に関心のない人にとってはピンと来ない例かもしれません（ごめんなさい）。でもプロ野球に興味があって、それぞれのチームが本拠地としている球場について、

「東京ドームで観た松井（元巨人）のホームランが忘れられない」

などの「エピソード記憶」を持っている人にとっては、大変強力なイモヅルになっているはずです。

「記憶に必要な7つの性質」（186頁）に「面白い」が含まれていることからもわかるように、**感情が動くということは記憶を促進させる上では大変重要なのです。**こ

んな風に書くと、

「勉強で暗記する事柄に対して特に感想なんてないんだけど……」

という声が聞こえてきそうです。でもそれはもしかしたらあなたの**プロセスを見る目がまだ養われていない証拠かもしれません。**結果が無機質で退屈なものであったとしても、そこに至るプロセスには人間くさいドラマが含まれているものです。

例えば、数学の「三平方の定理＝ピタゴラスの定理（直角を挟む2辺の長さが a と b である直角三角形の斜辺の長さを c とすると $a^2+b^2=c^2$ が成立するという定理）」自体は無味乾燥なものです。でもピタゴラスが故郷サモス島のヘーラー神殿を歩いているときに、足もとにあったタイルの模様からその証明を思いついた話は大変ドラマチックだと私は思います。（詳しくは拙著『大人のための中学数学勉強法』〈ダイヤモンド社〉をご覧ください）。

さらに数学の別のシーンで「$\sqrt{2}$ や円周率 π のように分数で表せない数のことを無理数という」と習ったとします。これ自体はなんの面白味もありませんね。

でも無理数の歴史を少し調べれば、ヒッパソスというちょっと変わった名前の人に行き当たります。

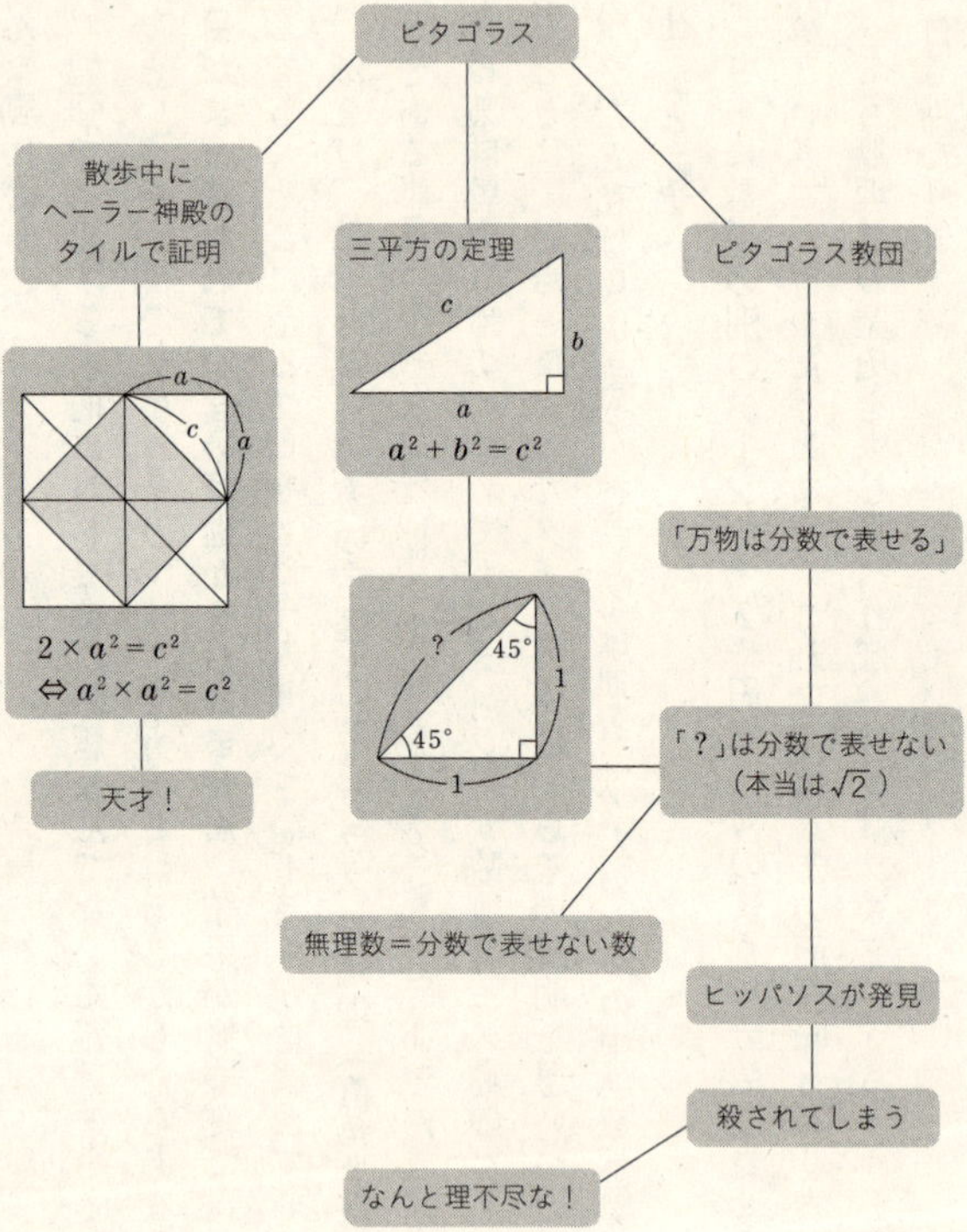

ピタゴラス
散歩中に
ヘーラー神殿の
タイルで証明
a
c
a
$2 \times a^2 = c^2$
$\Leftrightarrow a^2 \times a^2 = c^2$
天才！
三平方の定理
c
b
a
$a^2 + b^2 = c^2$
?
45°
1
45°
1
ピタゴラス教団
「万物は分数で表せる」
「？」は分数で表せない
（本当は$\sqrt{2}$）
無理数＝分数で表せない数
ヒッパソスが発見
殺されてしまう
なんと理不尽な！

このヒッパソスという人はピタゴラスの弟子です。彼は師匠が証明した「三平方の定理」を使って、直角を挟む2辺の長さが1である直角二等辺三角形の斜辺の長さがどうしても分数で表せないことを発見しました（本当は$\sqrt{2}$）。

しかしその事実は「万物は分数（比）で表せる」とする「ピタゴラス教団」の教義に反していたため、なんとヒッパソスは教団の兄弟子たちによって殺されてしまいます。この話を聞けば無理数と三平方の定理がイモヅルで繋がるだけでなく、「なんと理不尽な！」という感想を抱いたり、あるいは「真実を発見したのに……ヒッパソスがかわいそう」と思ったりするのはごく自然なことでしょう。

いずれにしても、イモヅルの中にこうしたストーリすなわち「エピソード記憶」が入っているとそれに繋がっている色々を思い出すことはとても簡単になります。

「脳の可塑性」を有効に使う

お気づきだとは思いますが、イモヅル記憶法は前節で紹介した「場所法」や「頭文字法」と同じく、「連想」を用いた記憶法です。

そもそもなぜ連想できるものは覚えやすいのでしょうか？　それは、**脳には可塑《かそ》性《せい》**

と呼ばれる性質があるからです。「可塑性」というのは難しい言葉ですが、あるものに外力を加えて形を変形させた後、外力を取り除いても形が元に戻らない性質のことを言います。例えば粘土には可塑性がありますが、水には可塑性はありません。

脳（正確にはニューロンの結合部であるシナプス）も外界からの刺激を受けて変化すると、その変化を保持しようとする働き――「可塑性」を持つことがわかっています。

連想が記憶に大きな力を発揮するのは、以前頭に入れた情報に新しく他の情報を関連付けると、脳は記憶していた情報に変化が起こったと判断して、変化を強く保持しようとするからです。

前述の通り、短期記憶にはその容量にマジカルナンバー7という限度がありますが、長期記憶には限度がありません。ただしいくら無限に「銘記（インプット）」できたとしても、必要なときに必要なものを「想起（アウトプット）」するためには、やはり様々な事柄が「イモヅル」で繋がっている必要があります。**新しい知識と古い知識とが「連想」という糸で紐づけされればされるほど、脳が持つ可塑性も有効に使うこ**

とができるのです。

学校を卒業してから何年後かに街でばったりと同級生にあったとき、どうしても名前が思い出せなかった経験はありませんか？　顔はもちろん知っているし、もしかしたら一緒に文化祭の準備をした等のエピソードもあるかもしれません。それでも名前が思い出せないのは、**その人の名前を頭の中の既存の知識と紐づけていなかったから**でしょう。

仮にその人が田中さんという名前で数学が得意だったとします。もしあなたが学生時代に田中さんを、自分の中で「数学が得意な人」というカテゴリーに紐づけしてあって、しかもそこに「田中は凄い！」という感情まで加わっていれば、「数学の田中」を忘れる可能性はぐっと低くなるはずです。

記憶は「想起」できる形で「保持」しておかなければ意味がありません。そのために感情を伴った「イモヅル記憶法」を是非活用してみてください。

永野式記憶術③
（替え歌、語呂合わせ、五感活用、反復）

《どうしても憶えられないときは……》

替え歌

語呂合わせ

五感活用

反復

いずれも「楽しさ」を
忘れないように。
「反復」は効率の良い
スケジュールで。

ここまで紹介してきた「ストーリ記憶法」と「イモヅル記憶法」を使えば、勉強に必要な記憶のうちかなりの部分はカバーできるはずです。でも資格試験の勉強などをしているとどちらも通用しないことがたまに（残念ながら）あります。本節で紹介するのはそんな「難敵」も頭に入れてしまうやや力業《ちからわざ》的な記憶法ですが、どれも記憶力に不安のある私が実践してみて効果を実感できたものばかりですから、

「どうしても憶えられない！」

とさじを投げたくなったときは試してみてください。

替え歌記憶法

世界史を勉強していて私が困ったのは歴代のアメリカ大統領を覚える必要があったときです。ワシントン、アダムス、ジェファーソン、マディソン……と始まって、当時の現役大統領だった第41代大統領のブッシュ（父）まで順番も含めて覚えるのは至難の業でした。40個以上の固有名詞を順番通りに覚えるなんて普通にやっていたら（特に私には）到底できそうもありません。

そこで考えついたのが「**替え歌**」です。私は、歴代の大統領一覧を眺めながら当時

流行っていた歌に次々と当てはめていきました。当然、最初はなかなかうまくいきません。字余りになったりメロディーが足りなかったりします。10曲以上は試したでしょうか……。私はとうとうぴったりハマる曲を見つけました！　大事MANブラザーズバンドの『それが大事』という歌です。私と同年代の方は懐かしいでしょう？　歌える方は是非試してみてほしいのですが、冒頭の、

「負けないこと、投げ出さないこと、逃げ出さないこと、信じ抜くこと」

は、

「ワシントン・アダムス・ジェファーソン・マディソン・モンロー・アダムス・ジャクソン」

にピタッとハマります（笑）。私は興奮しました。そして最後のブッシュをフレーズの終わりにちゃんと（多少の無理はありつつ）合わせることができたときは、小躍りするくらいうれしかったです。

「**替え歌記憶法**」の利点は2つあります。

1つは「**楽しい**」ということです。40個の固有名詞をただ覚えるのは苦痛でしかないと思いますが、**替え歌を考える作業はそれが勉強であることを忘れるくらい楽しい**

はずです。くり返しますが、**楽しい気分で記憶したものは忘れづらくなります。**

「替え歌記憶法」のもう1つの利点には「**リズムがある**」という点です。音楽のメロディーを覚えることができる能力はほかの動物にはない人間固有の能力だと言われていて、中でもリズムを記憶する力はその根源を成しています。五七五のリズムを持った俳句や韻《いん》を踏んでいる詩が覚えやすいのはそこにリズムがあるからです。また円周率の記憶で世界記録を樹立した原口證《あきら》さんも（語呂合わせを基本にしながら）リズムを活用するのがコツだと話されています。

語呂合わせ記憶法

固有名詞や数字を記憶する上で基本的でかつ強力なのはやはり「語呂合わせ」です。

大学院生時代に私は日本ソムリエ協会公認ワインエキスパートの資格を取りました。この試験を突破するためには「電話帳ですか？」とツッコミを入れたくなるような分厚い本を丸ごと覚える必要があります。当然、地名・ブドウ品種・作り手……等々、固有名詞のオンパレードです。

そこで私は「語呂合わせ」で乗り切ることにしました。たとえばこんな感じです。

問）ボルドーの5大シャトーは？

解）**ラフ**ィット（ロートシルト）、**ムートン**（ロートシルト）、**オー・ブリ**オン、**マルゴー**、**ラトゥール**

語呂合わせ）ラフなムードで大きなブリを丸ごとアラ取る

問）コート・デュ・ローヌ（フランス）の主な白ブドウ品種は？

解）**マルサ**ンヌ、**ヴィ**オニエ、**ルーサン**ヌ、**ピカ**ルダン、**ピク**プール、**クレ**レット、**ユニ**・ブラン

語呂合わせ）マルサの美人が　ゆるさんと、ぴかぴかクレジットでユニセフへ

これらの語呂合わせはワイン学校のクラスメイト達にも教えてあげましたが、なかなか好評で「本にしたら売れるんじゃない？」なんて言われてました（笑）。

語呂合わせをつくるときの**コツはやはり少しユーモラスであること**です。記憶ではいつも「楽しさ」を忘れないようにしましょう。

拙ブログでは受験生が覚えづらい無機化学の語呂合わせも公表しています。興味の

ある方はどうぞご覧ください（http://www.naganomathblog.com/entry/archives/3872）。

五感活用記憶法

父から記憶法についてアドヴァイスを貰ったことはあまりありませんが、一度だけ、

「**声や手も使った方がいいよ**」

と言われたことはあります。

よく言われている通り、記憶をする際には人間がもつ五感「視覚、聴覚、触覚、嗅覚、味覚」をできるだけ使うようにすると脳をより刺激するので、強い記憶につながります。

大学受験や資格試験などの勉強で嗅覚や味覚を使うのは難しくても、視覚（読む）に加えて、聴覚と触覚を積極的に使うことは簡単にできます。

音読が記憶に有効であることは誰しも経験があることでしょう。黙読をしているだけのとき、脳への刺激は目から入る情報だけですが、音読をすれば目のほかに声帯と口と舌を使い、自らの声を自分の耳でも聞くわけですから、何倍もの刺激になります。

ただし理解すればわかること（ストーリ記憶法が使えること）、連想が使えるもの

（イモヅル記憶法が使えるもの）を音読することは必ずしもお勧めしません。なぜなら**音読は「遅い」**からです。目で追うだけであればプライミング記憶（180頁）もあり速読ができるのですが、音読は一語一語丁寧に読む必要があるために、何倍も時間がかかってしまいます。また音読は自由な思考を邪魔することもあるので、ここぞという所だけでよいでしょう。

また**触覚の活用として「書く」ことは大変重要です。**こちらは音読と違い、いかなる場合も積極的に活用すべきだと私は考えています。書くことには、記憶法の範疇を超えた恩恵がありますので別項で詳しくお話しするつもりです。

暗記は少々奇抜な方法で行った方が良い、という説もあります。その方が体のいろいろな器官が刺激されて強く記憶に残るというわけです。そう言えば高校時代の私の友人には面白い男がいて、彼は腹筋や腕立て伏せをしながら暗記科目を勉強していました。当時は笑っていましたが、今思えば彼のやり方は視覚以外の感覚を積極的に刺激しているわけですから実際に効果もあったのでしょう（ただし体力がもてば、ですが……）。ちなみにその彼は今、立派な医者になっています。

無意識の記憶の保持

これを言ってしまうと身も蓋《ふた》もない感じですが、記憶の基本はやはり反復です。「ストーリ記憶法」で擬似的に「エピソード記憶」を作るのも、「イモヅル記憶法」で連想を使うのも反復の苦労を大幅に減らしてはくれますが、学習に復習が必要なのは言うまでもありません。

ただし**同じように反復する場合でもそのタイミングを間違えると、せっかくの苦労が報われなくなってしまう**ので要注意です。

東京大学大学院薬学系研究科教授で神経科学と薬理学を専門とする池谷裕二先生によると、たとえ思い出せなくても無意識のうちに記憶が「保持」されていることがあるそうです。

ある雑誌にこんな実験の結果が紹介されていました。複数の被験者にまったく意味のない単語を10個覚えてもらいます。4時間後にテストしたところ、被験者が覚えている単語の平均の個数は5個でした。ところが一度全部忘れてしまったあとで同じ10個を再び覚えてもらうと今度は4時間後でも平均7個は覚えていられたとか。次ペー

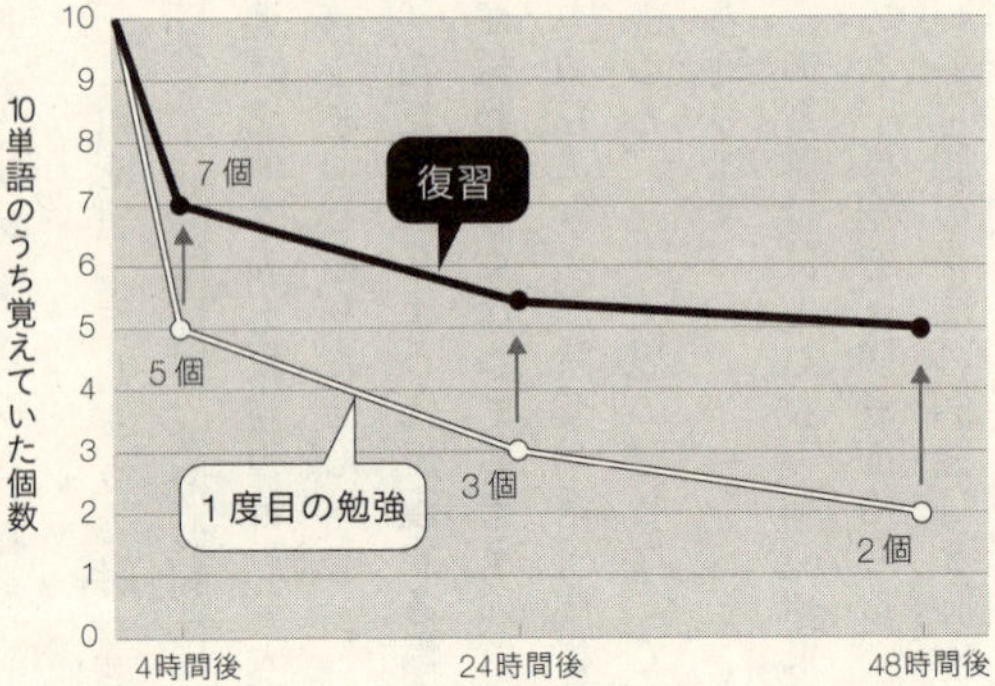

[出典：「プレジデントファミリー」2014年4月号]

ジのグラフはその結果をまとめたものです。24時間後や48時間後でも2回目の方が良いスコアになっていますね。

以上の結果から無意識のうちに「保持」されている記憶が暗記を助けることがわかります。これは私が受験生時代に実感したことと重なるので大変興味深いです。

高校生の私は英語の熟語を覚えるために1冊の参考書を使っていました。最初は「一日に30個」と目標を立ててその通りにやっていたのですが、ふと気になって1週間前にやったことを振り返ってみると、見事にほとんど全部を忘れているのです。これには参りました。

「もしかして僕の苦労は全くの無駄？」

と思ったものです。でも元来どこか（というか全面的に）楽観的なところがある私は、

「まあ仕方ない。とりあえず全部やってから復習しよう」

と開きなおって、とりあえず最後までやり終えました。1カ月くらいかかったでしょうか。それからもう一度、一からやるつもりで2周目に入ります。すると1周目より30個を覚えるのが早くなっているのに気づきました。しかも今度は1週間前にやったものを振り返ったときに覚えている量も増えています。やっぱり1回目の苦労は無駄ではなかったのです。

池谷先生によると**無意識の記憶の「保持」は1カ月が限度**とのこと。今思えば（たまたま）1カ月のブランクを開けて2周目に入ったのが良かったのでしょう。そうでなければもっと絶望するところでした……。

永野式反復法

私は前に「未来の自分に教えるつもりで『今日学んだことノート』を作れば、最高の復習になる」と書きました（132頁）。この「今日学んだことノート」を作るタ

イミングは一日の終わりでしたね。これも踏まえた私なりの理想的な反復のタイミングは次の通りです。

大きな目標と小さな目標(78頁)を定めるときにも、この反復のタイミングを考慮してもらえばより効率が良いと思います。

【永野式反復法】
1回目:はじめてその情報に触れた10分後
2回目:その日の終わり(「今日学んだことノート」)
3回目:翌朝
4回目:1週間後
5回目:1カ月後

1回目の「10分後」は学生であれば学校や塾の授業直後の休み時間になります。

「さっき何を教わったんだっけ?」

と**頭の中で反芻《はんすう》するだけ**で構いません。サラリーマンであれば電車の中で読んだ本の内容を、改札口を出てから思い出してみたり、セミナーで得た情報を帰りの電車の中で思い出したりしてみてください。これだけでもやらないよりは定着率がぐっと上がります。

2回目の「今日学んだことノート」については前述の通りです。

3回目の「翌朝」のタイミングですが、これは1回目と同じく**頭の中で反芻するだけで良いです**。最近の研究では**睡眠が記憶の定着に一役買う**ことがわかっています。睡眠中に長期記憶すべきものとそうでないものの「整理」が行われているそうです。前の日に学習したことを目覚めのタイミングでもう一度振り返れば整理された「長期記憶」を確認できて、すっきりした気持ちで先の学習を続けることができるでしょう。

4回目の「1週間後」の復習は**問題を解く**、ということをメインにしてください。「イモヅル記憶法」の所でも書きましたが、記憶というのは想起（アウトプット）できる状態になければいけません。また**脳はインプットよりもアウトプットの方をより重視する傾向にある**こともわかっています。何度も頭の中から引き出された情報があると、**脳は「こんなに何回も使われるということは重要な情報に違いない」と判断するのです**。もちろん長期記憶になる可能性も高まります。

問題を解くという行為は「想起」に他なりません。ただし問題を解いたあとは解きっぱなしにならないように注意しましょう。「あらすじ勉強法」のところでも触れた（120頁）通り、特に間違ったときは、

「なぜ間違ったのだろう？」

と考えることを忘れないでください。

5回目の「1カ月後」については、それを**初めて勉強するような気持ちで取り組みましょう**。仮にこのときにほとんど忘れてしまっていたとしても、

「全然覚えてない……」

とがっかりする必要はありません。そこまでの4回の復習を通して確実に「記憶」は保持されています。そして**必ず最初よりは深く強く頭に入ります**。

結局、復習は全部で5回になりますが、

「え～5回も復習するの？」

と嘆かないでくださいね。5回と言っても1回目と3回目は頭の中で反芻するだけです。何より、この5回の復習を通して最初は一面的な知識に過ぎなかったものが、

頭の中で様々な理解と繋がりを得て知恵へと昇華していくのが感じられるはずです。
それは人生の喜びそのものであると言ったら言い過ぎでしょうか。

PART 5

英語や数学に強くなるために

手書きのススメ

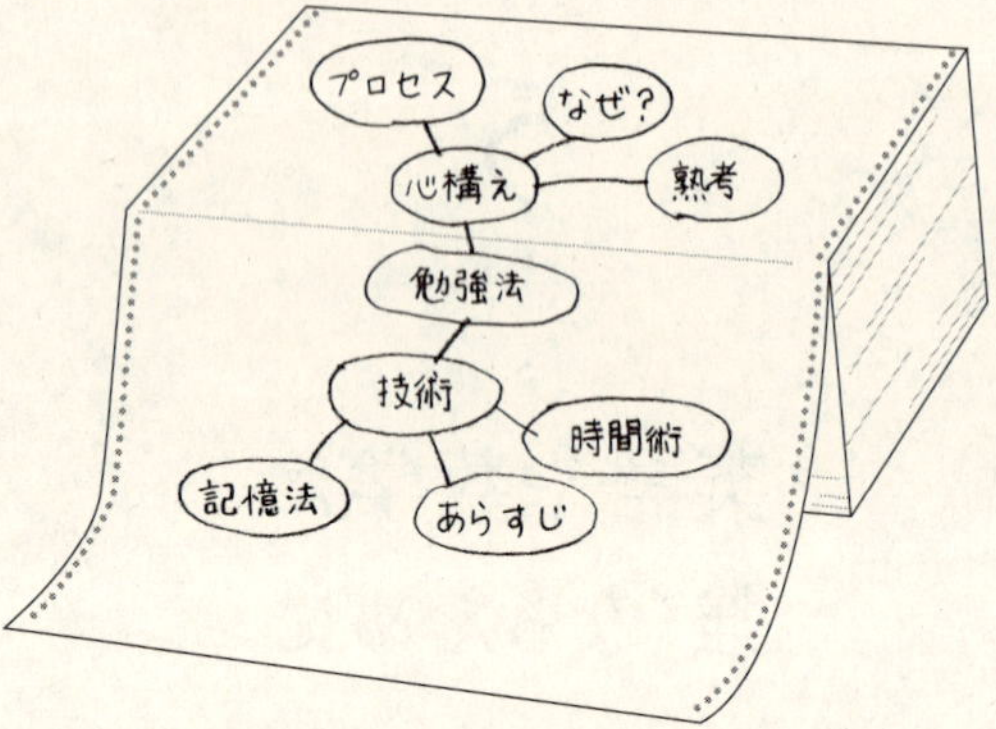

書くことは考えること。

「**連続用紙**」というものをご存知でしょうか？　複数ページの上下がミシン目でつながっていてページの両端に紙送り用の丸い小さな穴が並ぶプリンター用紙のことです（前頁のイラスト参照）。最近はあまり見かけなくなりましたが、一昔（いや二昔？）前までは、コンピュータによる計算結果などの出力では一般的に使われていたと思います。

情報処理を専門としていた父の大学の研究室には使用済みの「連続用紙」が大量に余っていました。使用済み、と言っても印字がされているのは表面のみで裏は真っ白です。ある日、父はこの「連続用紙」を、

「あとは捨てるだけだから、良かったら使ってみる？」

と言って持って帰ってきてくれました。

それからと言うもの、私の机の上の中央にはいつもこの「連続用紙」が束となってドーンと置かれるようになったのです。大きさはA3よりやや大きいくらいだったでしょうか。少なくとも受験を終えるまでは「連続用紙」がその定位置から場所を移すことはありませんでした（無くなると父に追加を頼みました）。それくらい私は「連続用紙」の裏の広大な余白にありとあらゆるものを書き続けていたのです。当時私がそ

こに書いていたものを思い出すままに列挙してみると、

・計算
・問題演習の答案
・イモヅル記憶法（204頁）で使うメモリーツリー的なもの
・固有名詞などを頭に入れるための書き殴り
・一人授業（136頁）用の草稿
・英語構文の分解
・化学の構造式
・物理の図

などなど……、枚挙に暇《いとま》がありません。

前述のとおり、手で書きながら憶えることは読むだけで憶えようとするよりずっと効率が良いのですが、**書くということは単に記憶を助けてくれるということ以上に大きな学習効果があります。**

「書くこと」の学習効果を示す研究

２０１１年の「Science」誌に掲載された研究の結果が大変興味深かったのでご紹介します。研究の概要はこうです。

まず２００人の大学生に科学に関する短い文章を5分間読ませます。次に２００人をA～Cの３つのグループに分けてそれぞれのグループに次の指示を与えました。

Aグループ：試験向けの詰め込み勉強のように何度か読み返させる
Bグループ：「コンセプトマップ」（概念等の相関を表す図）を作らせる
Cグループ：読んだ文章に関する短いエッセーを書かせる

１週間後、２００人の学生達には簡単なテストを受けてもらいます。設問は１週間前に読んでもらった文章の内容の暗記を試すものと、それを基に論理的な結論を導き出すものが用意されました。結果は、

1位：Cグループ（エッセー）

2位：Aグループ（詰め込み）
3位：Bグループ（コンセプトマップ）

でした。エッセーを書いたグループがトップで、2位は詰め込み学習でした。

次に、学生達には記憶を頼りにコンセプトマップを書いてもらいます。ここでの成績も先ほどのテストと同じ順位になりました（ただし2位と3位の差はわずかでした）。興味深いのは、もともとコンセプトマップを書いていたBグループよりもエッセーを書いたCグループの方がより良い成績を修めている点です。

以上の結果は、「今日学んだことノート」（132頁）の所でも書きました通り、**学習した内容について自分の言葉で文章を書くという行為の学習効果の高さを実証しています。**

「今日学んだことノート」を作るモチベーションがどうしても続かない人は学んだ内容をブログなどにまとめるのはどうでしょうか？　ブログを読んでくれる人を意識しながら（教えるつもりで）自分の言葉で書けば、読みっぱなし、聞きっぱなしで放っておくよりはずっと強く頭に残るはずです。

自分の手で書く

ブログなどにまとめることには一定の効果があるだろうとは思うものの、それでも私はやはり**自分の手で書くということにこだわりたい**と思っています。

以前「Wall Street Journal」紙に掲載された記事（How Handwriting Trains the Brain～Forming Letters Is Key to Learning, Memory, Ideas）にも、「**手で書く」ことが学習のため、記憶のため、また豊かな発想のために非常に重要である**と書かれていました。

あなたは最近ペンを握って紙に文字を書いていますか？

現代人の多くにとって文章を書くという行為はPCに向かってキーボードを打つことや携帯やスマホでの「親指入力」を指すでしょう。かく言う私自身も今この原稿をキーボードで打っています。

でも、同時に私は毎日の個別指導の中で生徒に説明するために絶えずノートに文字を書き続けています。その量はだいたい3カ月で60ページのB5ノート100冊分になります（説明用なのでかなり大きめの字で書いています）。

最近ではICT（Information and Communication Technology）活用教育の重要性が叫ばれていて、全校生徒にタブレットPCを配る学校も珍しくなくなってきました。こうした流れは全世界的であり日本はむしろ遅れています。

ICTを導入することで学習活動の振り返りや授業の理解度の把握、あるいは教材配布などの点についてはこれまでにない利便性があるでしょう。将来は望外の成果もきっと出てくるはずです。

ただし一方で、ICT活用教育をいち早く導入したお隣の韓国では、教師の側から、「子どもは授業が楽しかったと言うかもしれませんが、内容は身についていない」とその効果を疑問視するような声も出てきています。

楽しいのにも関わらず内容が定着しないのは、タブレットPCの導入が子供たちから「書くこと」の機会を奪っているせいではないかと私は思っています。誤解のないように書いておきますが、私はICTを教育に活用することに否定的な意見を持っているわけではありません。

ただ、ICTの導入が生徒により良い学習環境を提供するためであるなら、自分の手で書くという環境を奪うことにはならないで欲しいと切に願います。

父が私に持って帰ってきてくれた使用済みの「連続用紙」。私にとってそれは、

「**とにかく、自分の手で書いて、書いて、書きまくりなさい**」

というメッセージでした。

いずれにしても真っ白なスペースに自分の頭で考えたことを自分の手を使って書**く、ということの学習効果の高さを決して過小評価してはいけません。**

もしあなたが、

「最近、ペンで文字を書いてないなあ」

と思うのなら、是非書きやすいペンと大きなノートかレポート用紙を用意してください。そして「自分の手で書く」環境を身近なものにしましょう。それだけであなたの脳は、自分の手で書くことがなかった時と比べて何倍も刺激を受けることでしょう。

書くスキル＝学力

2013年に文房具メーカーのコクヨが、全国の中学高校の先生に対して行ったアンケート調査によると「**ノートの取り方と生徒の学力に関係性があるか**」**という設問に対して、実に99％の先生が**「**ある**」**と答えています。**また、学力が高い生徒のノー

トの取り方の特徴としては「**板書《ばんしょ》以外のことも書いている**」「**自分なりに工夫してまとめてある**」「**素早くきれいに書いている**」などの傾向が指摘されています。

私が日々生徒を指導していて感じることもまったく同じです。

学力の低い生徒は、私が授業ノートに書いたことをそのまま写すことに終始し、しかもとても遅いです。また遅いわりには雑であることも多く、あとで見返すことを念頭に置いていないように見えます（もちろんこのような生徒にはノートの取り方から指導します）。

先日高校時代の恩師に二十数年ぶりにお会いしたときも、学生のノートの取り方が変わってきたことが話題になりました。

「君たちのときには考えられなかったことだけれど、最近の生徒は本当にノートを取るのが下手だよ。しかも遅いから板書では授業にならない。仕方がないから最近はプリント授業に切り替えたよ」

と残念そうに仰っていたのが印象に残っています。これも小さい頃からデジタル機器に囲まれてきて、幼少期〜青年期に「手で書く」機会が少なくなってきていることの影響かもしれません。

もちろん、だからと言って最近の学生は学力が低い、と結論づけることはできないでしょう。ただ「ノートを書くスキル」と「学力」の間に相関があることは多くの教師の意見が一致するところですから、教師歴30年のベテラン教師が、ノートを書くスキル、すなわち手で書くスキルが下がってきていると指摘する言葉には見過ごせない重みがあります。

手は第二の脳

「**手は外部の脳**」とか「**手は第二の脳**」という言葉を聞いたことがある人は多いのではないでしょうか？（前者はドイツの哲学者イマヌエル・カントの言葉だとされていますが、定かではありません）

次頁の図はカナダの脳神経外科医であったワイルダー・ペンフィールドが作ったもので大脳皮質の各部位と、人体各部の皮膚感覚および深部感覚との関係を表したものです。

顔や唇《くちびる》と並んで手首から指先までが非常に多くの部分を占めていることが分かりますね。これに対して肩や背中が占める割合は小さいのが特徴的です。この割合の大小

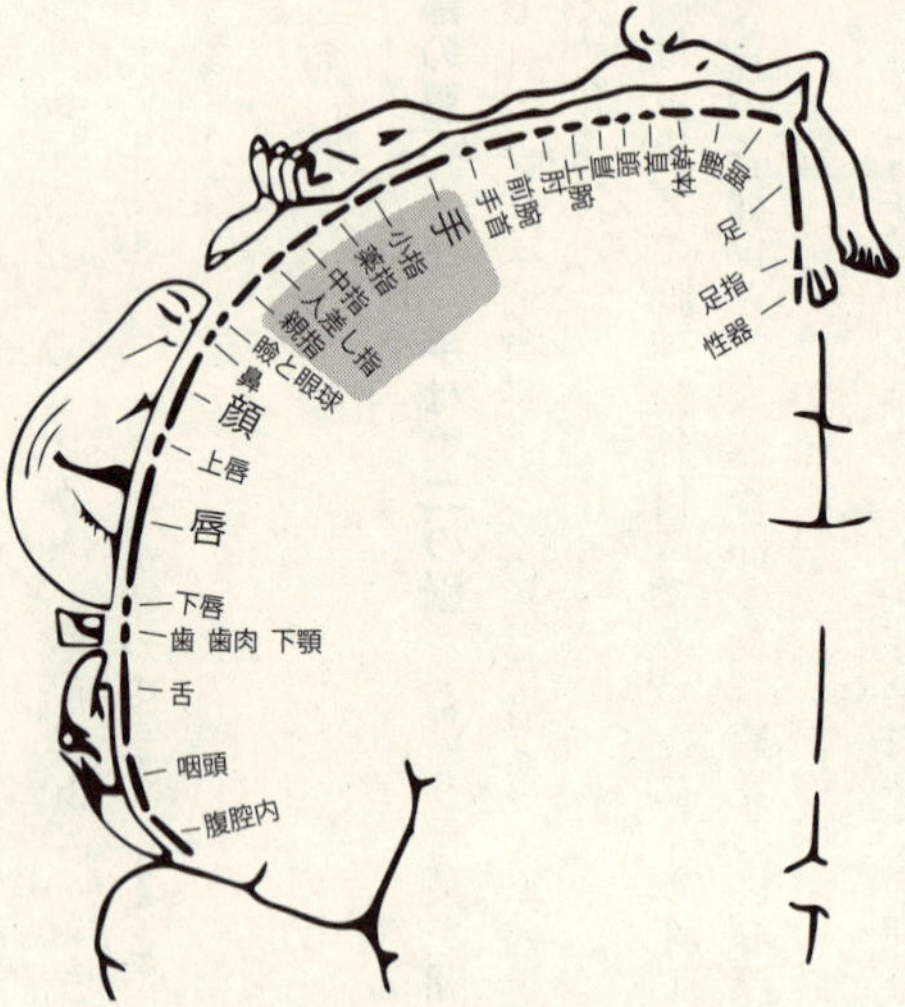

[出典：体性感覚 - Wikipedia http://ja.wikipedia.org/wiki/体性感覚]

が各部位の感覚の鋭さ、繊細さを表しています。

実際、手首から指先にかけては非常に多くの神経細胞が集まっていて、それぞれが脳に信号を送っているのですから、**手を動かすことが脳にとって大きな刺激になる**のは想像に難くありません。

作家の浅田次郎さんや林望さんは修行時代、文章の上達のために好きな作家の小説をそのまま原稿用紙に書き写していたそうです（これを臨模《りんも》といいます）。この2人に限らず「臨模」は作家の卵にとって比較的ポピュラーな文章上達法だと言われています。

「単に書き写すだけで、文章がうまくなるものだろうか？」

と疑問に思ってしまいますが、名文を書いた作家がかつてその作品を生み出したときと同じように手を動かせば、脳も当時の作家と同じ刺激を受けるのでしょう。

これを続けていると、文章を生み出す際の発想やリズム感のようなものもその作家に近づけるのかもしれません。少なくともその小説で使われた語彙《ごい》は頭に定着するはずです。

「臨模」によって文章が上達するのは、手で書くことが頭で考えたことをアウトプットするだけの作業に留まらないことを示唆しています。**手で書くことによって、頭にインプットされるものがある証拠です。**

頭に浮かんだ発想・アイディアを目に見える形に書いて頭の中を整理するツールとして「マインドマップ」と言われるものがあります。マインドマップは作成用のPCソフトやWebサービスも数多く存在しますので利用している人も多いでしょう。

これは確かに有効で私も本を書く前などにマインドマップを作成することがよくあります。ただし私は、PCソフトやWebサービスの類《たぐい》は使いません。いつもノートやホワイトボードに手書きすることにしています。ソフトやWebサービスを使いこなせない、というのもありますが、どうも手書きのほうが豊かな発想が湧くような気がするのです。

マインドマップは文章全体をスケッチするようなものですが、私の場合それは「清書」のための下書きではなく、スケッチを手で書くことそれ自体が考えることに直結しています。**手で書くことを通じてはじめて考えることができるという実感すらあります。**

もちろんキーボードやタッチパネルも手を使うのでじっとしているよりは、頭は刺激を受けます。でもPCソフトやWebサービスで作成する綺麗なマインドマップでは良い発想がわかない、という人は——騙されたと思って——白い大きな紙の中央に手書きで一つ丸を書いてみてください。

そうすると、きっと**一つは何か言葉が浮かぶはずです。中央の丸に言葉が入ればしめたもの。あとは手を動かしているうちに次々と言葉が出てくるでしょう。**そう、「第二の脳」である手が考えてくれるのです。

科目別勉強法（英語／数学）

《英語》

- 長文は読解を中心に！
- 単語は長文の中で憶える
- 英語漬けになって「英語脳」を手に入れる

《数学》

- 暗記しない！
- 「もどりま表」の活用
- 「計算をミスする４つの理由」に注意！

裏道や裏技はない。
王道こそが最短ルート。

英語と数学は取り組む人が特に多いと思いますので、それぞれの科目の勉強のコツを——紙幅の都合上簡単ではありますが——まとめておきます。まずは英語からです。

英語編

高校時代の友人に久しぶりに会って、今は数学塾をやっているんだ、と話すと大抵「え？　英語塾じゃないの？」と返ってきます。それもそのはずで私は中学と高校の6年間、ほとんどの期間で数学よりも英語の方が良い成績でした。

どんなに野球に夢中になっても、音楽にのめり込んでも私が英語の勉強だけはおろそかにしなかったのは、やはり父の影響です。父は、他の科目はあとからでも何とかなるけれど英語だけは挽回するのに時間がかかると考えていたようでした。

「**英語だけはしっかりやっておいた方がいいよ**」

と中学入学後間もない時期に言われたのをよく憶えています。

そう言う父は英語が得意でした。国際学会で議長も務めていましたし、家に外国人の客人が来たときは——もしかしたら日本語以上に——饒舌《じょうぜつ》になっていた印象があります。父はイギリスのケンブリッジに留学していたことがありますが、その期間は

1年ほどですから留学だけで英語が上達したとは思えません。本人も、

「留学する前から英語はそこそこできたよ」

と言っていました。いつも謙遜する父にしては珍しい発言です。

「じゃあ、どうやって勉強したの？」

と私が聞くと、

「友達とね、ずっと英語で話していたんだよ」

と言います。父は大学に入ると下宿仲間の友人と1週間のうち何日かは「今日は日本語禁止！」と決めて、ずっと英語で話していたそうです。これが本当に勉強になって、いつの間にか喋れるようにもなったんだと言っていました。

単語の憶え方

大方の文法事項を学び終えた高校2年生頃からの私の英語勉強法はいたってシンプルでした。**ひたすら長文を読むだけ**です。

よく驚かれますが、私は「試験に出る英単語（通称：出る単）」系の本を一度もやったことがありません（熟語は別）。**単語は、長文の中で出会った分からないものを辞**

書で調べ、小さな「単語ノート」に書き出してそれを憶えていました。この「単語ノート」は何十冊にもなりました。ただしそのときの自分が不得意とする単語は直近の数冊に集約されていますので、受験直前期に復習していたのは最後の3冊ほどだけです。

単語に関して私がこのようにしていたのには2つ理由があります。

一つは**長文の的確な意味をつかむため**です。「出る単」系の本に載っている単語の意味は、様々な場面で通じるように最大公約数的なものが多いように感じます。それは「当たらずも遠からず」的なやや抽象的な意味になりがちです。長文の中に「出る単」で憶えた単語がたくさん出てくると、それだけ抽象的な意味の言葉が重なることになります。そうなると全体がボヤーっとした曖昧な印象になって「結局何を言っているのか分からない」ということになってしまうのです。

でも自分で**辞書を引いて徹底的に調べれば、その長文の内容にピッタリくる意味が見つかります**（170頁）。

しかもそれは、

疑問に思う↓自分で調べる

という主体的な勉強の結果に得られたものです。当然、強く頭に残ります。それだけではありません。ある種の単語については、特定の話題の時に特殊な意味をもつものがあります。初見の文章の中にそういう単語が見つかれば、具体的な意味が分かるだけでなく、内容についての予想がつくこともあるのです。

私が長文の中だけで単語を憶えることにこだわったもう一つの理由は、文字通り**単語に「ストーリ」を付けるため**です。

「出る単」の抽象的な意味のオンパレードを憶えるのは典型的な「意味記憶」になるので暗記をするためには何度も反復することが必要ですが、長文の中で出会う単語には、前後の内容《ストーリ》があります。**ストーリがあれば擬似的な「エピソード記憶」として「長期記憶」になりやすい**のは前述（174頁）の通りです。

訳も構文も教えない伝説の授業

前に坂間先生という駿台予備校のすばらしい物理の先生のことを書きましたが、駿台には私が衝撃を受けた先生がもう一人いました。それが英語の**奥井潔先生**です。

奥井先生は私たちが「予備校の先生」と聞いてイメージする先生とは真逆でした。当時もうかなりのご年配で、教室に入ってくるなり教卓の椅子に座ってしまいます。声も小さくマイクがなければ、数メートル先の生徒でも先生の声を聞き取ることはできなかったでしょう。でもそんな奥井先生の授業は、坂間先生に負けず劣らず大人気でやはり講習の予約を取るのは一苦労でした。もちろんそれには理由があります。

奥井先生が担当していたのはだいたいいつも「英語長文」という授業です。でも先生は英語の訳し方についてはまったく言及しません。構文の説明をしてもらった記憶もほとんどありません。奥井先生が授業で語り続けたのは、その英文を書いた人の思想であり美学でした。私たちは奥井先生の授業を通して、**英語を母国語とする人々がどのようにものを考え、どのような人生観を持っているかということを知ったのです。**そしてそれが日本人といかに異なるかも教えてもらいました。

「英語脳」を手に入れる

外国人である私たちが英語を勉強とする際に理想とすべきことは何でしょうか？それは「**英語を英語のまま理解する**」ということです。

たとえば次のような英文があるとします。

「From small beginnings come great things.」

日本語のフィルターを通して英語を理解する人は、最初に先の英文を「から・小さな・始まり・来る・偉大な・こと」と単語レベルでそれぞれ「和訳」します。それから作文ゲームのようにそれぞれの順番を入れ換えて意味が通る一文を作り上げようとするようです。しかしこの方法で長文を読もうとすると大変時間がかかります。それに内容が抽象的になればなるほど誤訳する確率も高まります。

一方、英語を英語のまま理解する人であれば「From small beginnings」という「前置詞＋名詞」の後に動詞の「come」がいきなり来ることにちょっとした驚きを憶えるはずです。そして普通なら、

「Great things come from small beginnings.」

と書くところを**あえて倒置文にして「From small beginnings」を強調したかった筆者の気持ちも理解する**でしょう。

英語を英語のままで理解しようとすることは英語を母国語とする人と同じものの考

え方や感性を手に入れることでもありますから、一朝一夕にできることではありません。だからこそ父は「英語はなかなか挽回できない」と考えていたのだと思います。

父が日本にいながら英語漬けの時間を持とうとしたのは「英語を英語のまま理解する」ための言わば「**英語脳**」を手に入れたかったからでしょう。私が英語の長文を読み漁《あさ》ったのも、そして奥井先生が受験用の英文解釈の域を大きく超えて、欧米人の人生論・道徳論などを語り続けてくれたのも、すべてはこの「英語脳」を手に入れるために他なりません。

英語ができるようになるためには、英語漬けになって英語脳を手に入れること。これに尽きる気がします。

数学編

職業柄、

「どうしたら数学ができるようになりますか？」

という質問を受けることが多いです。そんなとき私は決まって一言こう答えます。

「**暗記しないことです！**」

数学が苦手であればあるほど、私からこの言葉をきいた生徒やその親御さんは鳩《はと》が豆鉄砲を食ったような顔をします。でもこの本をここまで読んでくれたあなたなら、私の真意を汲んでくれますよね？

お気づきだとは思いますが私はこの本を、主に**数学のような「思考型科目」の勉強を念頭に置いて書きました。**記憶術に関するいくつかの節に書いたことをのぞけば、すべて数学の勉強法そのものだと言っても過言ではありません。**数学が「未知の問題を解決するための学問」**であることを忘れずに是非、本質的な勉強をして欲しいと思います。

「もどりま表」を活用する

学生時代を思い出してください。定期テストの結果が芳《かんば》しくないと誰でも、「次こそはがんばろう！」と決意を新たにしますよね？　でも残念ながらどんなに強く拳を固めても、数学に関しては成績が急に上がるということがあまりありません。それは、数学が**積み重ねの学問**だからです。新しい単元であっても過去に習ったことが土台になっています。

せっかく気合いを入れて授業に臨んだのに単元の最初からチンプンカンプンで一気にやる気を無くした経験がある人は少なくないでしょう。

ではとにかく復習をすれば良いかというと、そうでもないところがさらに厄介です。数学の教科書や参考書では、ある単元とその直前の単元の内容が全くリンクしないということが珍しくありません。こうなると、

「いったいどこを復習したらいいんだ……」

と途方にくれるしかなくなりますよね。

そんなときに活用して欲しいのが261頁の「**もどりま表**」です。「もどりま表」は、私が**NHK**（**Eテレ**）**の**「**テストの花道**」に出演した際に紹介した**数学の復習のための表**です。これを使えば**自分がどこでつまずいているかが分かります**。

あまり知られていないことのようですが、中学数学の各単元は大きく分けて次の4つに分類することができます。

・数と式

・**関数**
・**図形**
・**資料の活用**

これは指導要領にも明記されている分類です。

高校数学になるとこの分類は必ずしも明確ではなく、例えば「ベクトル」などいくつかの分野の内容が横断的に含まれる単元もありますが、積み重ね学習である数学において今勉強している単元がどの分野の単元なのかを意識することはとても重要です。

たとえば高校1年で習う「二次関数」が分からないとしましょう。その場合は同じ「関数」に分類される単元を、

「$y = ax^2$（中3）」→「一次関数（中2）」→「比例・反比例（中1）」

と一つずつさかのぼるのです。そうすればきっと、

「これなら分かる」

という所に行き当たります。今度はそこから丹念に復習してください。前よりはず

っと分かるようになるはずです。

計算ミスをする4つの理由

社会人になると手で計算をしなくてはいけないシーンは決して多くありません。スマホやPCに計算機ソフトは必ず入っていますし、電卓は100円ショップでも売っています。でも大学を再受験する方やある種の資格試験ではまだまだ計算が必要です。しかも合格ラインに近づけば近づくほど、計算ミスによる失点は命取りになります。

私は20年に及ぶ教師経験の中で、なぜ生徒が計算ミスをするのかをずっと考えてきました。次の「計算ミスをする4つの理由」はその結論です。計算ミスに悩んでいる人は対処法と併せてどうぞ参考にしてみてください。

【計算ミスをする4つの理由】

（1）速すぎる

（2）緊張感に不慣れ

（3）単元の理解が不十分

（4）字が読みづらい

【対処法】

（1）速すぎる

テストになるとついつい普段やったことがないようなスピードで遮二無二《しゃにむに》計算してしまう気持ちはよく分かります。しかしこれが計算ミスのもとです。自動車や自転車を運転するときのことを考えてください。目一杯の速度で運転したら「怖い」という感覚になりますよね？　同じように計算も最速のスピードでやっているときは「怖い」と思う感覚を養いましょう。

「わわ、こんなに急いでやったら間違えそう！」と思えるようになればしめたものです。**1行1行確認しながら前に進む習慣**がつけばミスはぐっと減ります。結果として最後まで解答できなかったとしても、計算ミスのリスクを冒して目一杯の速度で解いた場合よりは確実に高得点になります。

（2）緊張感に不慣れ

心理学の法則に「**ヤーキンズ・ドットソンの法則**」というものがあります。

「人は慣れていることをする時には緊張やプレッシャーがあった方がよく、慣れていないことについては逆である」

とする法則です。

確かに、ベテランの社員には、

「契約取れなかったら減給だぞ」

とプレッシャーをかけた方が良い成果が得られるでしょう。反対に新入社員には、

「失敗してもいいから思い切りやれ」

と言ってあげた方が力を発揮してくれそうだ、というのは納得がいきます。

テストも同じです。高い緊張感のもとで計算した経験がないと、テストの大きなプレッシャーの中でミスを多発してしまいます。そうならないために**普段の学習においても緊張感を自分で作りあげる**ようにしましょう。

例えば、過去問を本番と同じ時間で解いてみたり、計算ミスをしたらその単元の問題を最初から全部やり直すなどの「罰ゲーム」を決めたりするのは効果的です。そう

すれば、緊張感の中で計算する経験を積むことができて、本番のテストでのミスが減るでしょう。

(3) 単元の理解が不十分

数学を勉強していると特定の単元だけ計算ミスが多いということはないでしょうか?

人間はメンタルな生き物です。スポーツや楽器の演奏などでは特に顕著ですが、精神的な不安はミスを誘発します。

「ああ〜ベクトルだ。この単元苦手なんだよなあ」

「確か、この公式にあてはめれば解けるんだ……よな??」

などと不安に思いながら計算を進めていると、普段より計算ミスの確率がぐっと高くなります。そんな時は問題を解く手を止めて、**もう一度教科書(参考書)に戻りましょう**。そこで必要な定理や公式を証明できるかどうかを確認してください。

「よし、分かった!」

とその単元に自信が出てくれば計算ミスも自ずと減っているはずです。

（4）字が読みづらい

私は冠婚葬祭の受付で、自分の名前を書かなければいけない時は、
「利き手をケガしちゃって……」
と言い訳しながら書きたいくらい字が汚いのですが、文字をはっきり大きく書くことは得意です。

生徒を見ていると、ゴミかと思うようなちっちゃい「－（マイナス）」を書いていたり、1行に無理やり分数を書きこんで数字が判別不能になっていたり、消しゴムのかけ方が甘くて消す前の文字が残っていたりするケースがよくあります。当然、そんな字は本人も読みづらいはずです。これが計算ミスに繋がります。

また手で書くと数字と混同しやすい「z（2）」や「q（9）」や「b（6）」も要注意です。アルファベットだとはっきり分かるように、横棒を入れる、筆記体で書く、などの工夫も必要だと思います。

見やすい字を大きくはっきり書こうとすれば、自ずと書くのに時間がかかります。これは（1）の「速すぎる」の対策にもなり、また焦る気持ちを鎮《しず》める効果もありま

す。すごく単純なことかもしれませんが、**字は大きく、はっきり書きましょう。**これだけでも大分計算ミスは減ります。

英語と数学の科目別勉強法は以上です。

どちらもショートカットができる裏道があったり、裏技があったりするわけではありません。勉強というのは結局、王道を行くのが一番近道だと私は思っています。筆者としては本書に書いてきた「勉強法」を道標《みちしるべ》に、読者の皆さんが堂々と王道を進んでくれることを願ってやみません。

もどりま表

	数と式	関数	図形	資料の活用
中学1年	正の数・負の数 文字を用いた式 一元一次方程式	比較・反比例	平面図形 空間図形	資料の散らばりと代表値
中学2年	文字を用いた式の四則演算 連立二元方程式	一次関数	平面図形と平行線の性質 図形の合同	確率
中学3年	平方根 式の展開と因数分解 二次方程式	関数 $y=ax^2$	図形相似 円周角と中心角 三平方の定理	標本調査
数Ｉ	数と式	二次関数	図形と計量（三角比）	データの分析
数A	整数の性質		図形の性質	場合の数と確率
数II	いろいろな式 図形と方程式	指数関数・対数関数 三角関数 微分・積分の考え		
数B	数列 ベクトル			確率分布と統計的推測
数III	平面上の曲線と複素数平面 極限	微分法 積分法		

[出典：NHK テストの花道 http://www.nhk.or.jp/hanamichi/p2013/131202.html]

おわりに

「勉強なんて嫌い。だって退屈だし、辛いだけだもの」

と思っている人は少なくありません。本書を手に取ってくれたあなたもこれまではそうだったかもしれませんね。でも本書を読み終えた今はどうでしょう？

勉強とは本来、知的好奇心への刺激と、世の中の真理と出会う感動を繰り返す最高にエキサイティングな営みであることに賛同してもらえるでしょうか？　本書を読み終えたあなたが「そうかもしれない」と思ってくれたならば、筆者としての私の大望は果たされたことになります。

父が私に教えてくれた勉強法は、研究者でありそして教育者であった父が長年積みあげてきた経験と信念に裏打ちされたものでした。それだけに説得力があり、また実際に効果のあがるものばかりです。私は、父を亡くした今、これらの勉強法を次世代にお伝えするのは教育者の端くれとしての自分の責務ではないかと思い、本書を書きました。

「こんなに勉強しているのに、なんでできるようにならないんだろう?」
「ライバルに勝つにはどうしたらいいんだろう?」
などの悩みを抱える読者の皆様にとって、本書が私にとっての父のような存在になることを願ってやみません。

最後になりましたが『問題解決に役立つ数学』に引き続き貴重な機会を下さったPHPエディターズ・グループの田畑博文さんにはこの場を借りて厚く御礼申し上げます。

また本文中にはあまり登場しませんでしたが、私が学生時代に自信をもって楽しく勉学に励むことができたのは、母が大きな愛情で見守ってくれたおかげです。すばらしい先生方との出会いも主に母がその環境を作ってくれました。そんな母と、私の憧れであり続けてくれた父——永野三郎への感謝を胸に本書の筆を置きます。またどこかでお会いしましょう。

2014年秋　永野裕之

著者紹介
永野裕之（ながの　ひろゆき）
永野数学塾塾長。1974年、東京生まれ。高校２年の頃まで模試でＥ判定を取り続けていたが、東大教授の父から教わった勉強法により東大に合格する。東京大学理学部地球惑星物理学科卒業。同大学院宇宙科学研究所（現JAXA）中退。数学と物理学をこよなく愛する傍ら、レストラン経営に参画。日本ソムリエ協会公認のワインエキスパートの資格取得。さらにウィーン国立音楽大学指揮科に留学するなど、自身が身につけた勉強法を応用することで、多方面にその活動の場を拡げる。また、プロの家庭教師として100人以上の生徒にかかわった経験も生かして、神奈川県大和市に個別指導塾「永野数学塾」を開塾。分かりやすく熱のこもった指導ぶりがメディアでも紹介されて話題を呼び、キャンセル待ちが出るほどの人気塾となっている。主な著書に『大人のための数学勉強法』（ダイヤモンド社）、『問題解決に役立つ数学』『東大→JAXA→人気数学塾塾長が書いた数に強くなる本』（以上、ＰＨＰエディターズ・グループ）、近著に『数学的思考力が身につく伝説の入試良問』（大和書房）がある。

この作品は、2015年１月にＰＨＰエディターズ・グループより刊行されたものを加筆・修正した。

ＰＨＰ文庫　東大教授の父が教えてくれた頭がよくなる勉強法

2019年２月15日　第１版第１刷

著　者	永　野　裕　之
発行者	後　藤　淳　一
発行所	株式会社ＰＨＰ研究所

東京本部　〒135-8137　江東区豊洲5-6-52
第四制作部文庫課　☎03-3520-9617（編集）
普及部　☎03-3520-9630（販売）
京都本部　〒601-8411　京都市南区西九条北ノ内町11

PHP INTERFACE　https://www.php.co.jp/

組　版	株式会社PHPエディターズ・グループ
印刷所 製本所	図書印刷株式会社

ISBN978-4-569-76875-5

PHP文庫好評既刊

3時間で頭が論理的になる本

出口 汪 著

ビジネスにすぐ活かせる論理的思考法を、「読む」「書く」「話す」を中心にまとめた一冊。議論やプレゼンの説得力が大幅にアップ!

定価 本体六八〇円(税別)

PHP文庫好評既刊

世界のエリートが学んでいる教養としての哲学

小川仁志 著

世界で活躍する人は、なぜ哲学を学ぶのか？　歴史・思考法・読んでおきたい名著など、ビジネスマンの武器になる哲学の基礎を一冊で網羅！

定価　本体六九〇円（税別）

PHP文庫好評既刊

教養が身につく最強の読書

出口治明 著

仕事や人生に役立つ本物の教養は、読書をすることで磨かれる。その方法について、〝本の虫〟出口さんが、とっておきの135冊と共に解説。

定価 本体六九〇円（税別）

東大生が選んだ勉強法

「私だけのやり方」を教えます

東大家庭教師友の会 編著

「覚えた本は捨てて記憶する」など、記憶術から読書法、時間の使い方まで、難関を突破した学生達の〝すごい勉強法〟を一挙公開する。

定価 本体四七六円(税別)